꽃과 나무,

어휘 속에 담긴
역사와 문화

이 저서는 2018년 대한민국 교육부와 한국연구재단의 지원을 받아 수행된 연구임(NRF-2018S1A6A3A02043693)

경성대학교 한국한자연구소 어휘문화총서 03

꽃과 나무,

어휘 속에 담긴 역사와 문화

김시현·신근영·이진숙·조성덕·최승은 지음

따비

일러두기

- 단어 및 사자성어 등의 뜻풀이는 표준국어대사전에 따랐다.
- 외래어 및 외국어의 한글 표기는 국립국어원 규정을 원칙으로 하되, 국내에서 널리 사용되는 표기
는 관행을 따르기도 했다. 단, 중국 인명의 경우 신해혁명(1911년) 이전의 인물은 한자의 한국어 발
음으로 표기했다.
- 글자의 의미는 같되 음이 다른 경우 [ ] 안에 해당 한자 및 외국어를 병기했다.

〈어휘문화총서〉를 펴내며

경성대학교 한국한자연구소는 2018년 한국연구재단 인문한국
플러스(HK+) 지원사업(과제명: 한자와 동아시아 문명 연구―한자로드
의 소통, 동인, 도항)에 선정된 이래, 한자 문화권 한자어의 미묘한
차이와 그 복잡성을 고려한 국가 간 비교 연구를 수행해왔습니다.
이 총서는 그러한 연구의 한 결과를 대중에게 전달하고 널리 보급
하려는 목적으로 기획되었습니다.

한자 문화권 내의 어휘는 그 속에 사용자의 사고와 정서, 그리
고 더 넓은 문화적 요소를 반영함으로써 미묘한 의미 차이를 가집
니다. 이러한 어휘의 사회문화적 맥락에 대한 이해는 단순히 그 어
휘의 의미를 파악하는 것 이상의 중요성을 가지며, 이를 통해 어
휘는 물론 문화에 대한 심층적 이해가 가능해집니다. 본 〈어휘문

화총서)는 이러한 접근법을 취하며, 동아시아 한자 문화권에서 사용되는 한자어를 매개로 하여 각각의 문화적 특성을 조명하고 있습니다. 또 서양 어휘문화와의 비교 연구를 통해 동서양 어휘문화의 상호작용과 이에 대한 다양한 통찰을 제공하려 노력하였습니다. 이 시리즈는 2023년 '십이지 동물 편'과 '바다동물 편'을 시작으로, 이번에 '꽃과 나무 편'을 내게 되었습니다. 앞으로도 특정 주제별로 계속해서 출간될 계획입니다.

본 연구의 진행 과정에서, 원고를 집필해주신 교수님들과 진행을 총괄해주신 최승은 교수님, 그리고 편집 및 교정을 맡아주신 도서출판 따비의 신수진 편집자께 깊은 감사의 말씀을 드립니다. 이 연구는 연구소 소속 교수님들이 주제를 직접 선정하고 집단 연구를 통해 집필하는 방식으로 추진되었습니다. 이런 방식을 통해 국가 간 및 학제 간 학술적 소통과 협력이 촉진되고, 이를 통해 한자 연구의 기반이 더욱 탄탄해질 것으로 기대하고 있습니다. 이러한 과정은 학문적 이해의 폭을 넓히고, 더욱 다양한 시각에서 한자어의 복잡성과 문화적 특성을 탐색하는 데 기여할 것입니다. 이울러 우리의 연구가 동아시아 한자문화권의 언어와 문화를 더 깊게 이해하고 평가하는 데 도움이 될 것으로 기대합니다.

본 연구는 우리가 속한 한자 문화의 깊이와 폭을 탐색하는 것뿐만 아니라, 동아시아와 서양 사이의 어휘문화 비교를 통해 보다 포

괄적인 문화 이해를 도모하려는 시도입니다. 본 연구의 성과가 독자 여러분들에게도 깊고 다양한 통찰력을 제공할 수 있기를 바라며, 앞으로도 끊임없는 연구와 노력을 계속하겠습니다.

2024년 2월

경성대학교 한국한자연구소

소장 하영삼

• 차례 •

들어가며

 이름을 뜻하는 名(명)이라는 한자는 위는 夕(저녁 석), 아래는 口
(입 구)로 구성되어 있다.* 이 한자의 유래를 『설문해자(說文解字)』
를 통해 살펴보면 다음과 같다.[1]

 고대 낮에는 날이 밝아 사람들이 서로 얼굴을 보며 누구인지
알 수 있었지만, 해가 지면 아무것도 보이지 않아 서로 분별할 수
없었다. 그래서 사람들은 입으로 자신의 이름을 말하여 알리는
방법밖에 없었다. 현재 우리가 상용하는 '이름[名]'이라는 명칭은
"'저녁[夕]'에 태양이 진 후, '입[口]'을 통해 부르는 것"을 뜻하게 된

---

* 허신(許慎)의 『설문해자(說文解字)』에서는 '名'에 관해 다음과 같이 풀이했다. "스스
로를 부르는 이름[自命]'을 말한다. 구(口)가 의미부이고 석(夕)도 의미부다. 석(夕)은
어두워진 때[冥]를 말한다. 어두워지면 보이지 않기 때문에 자신의 이름을 부른다[自
命也. 從口從夕. 夕者, 冥也. 冥不相見, 故以口自名]."

것이다.

이처럼 사람에게 명명(命名)하듯이 모든 사물의 이름[名]을 지어 붙이는 것 또한 사물의 존재를 나타내며, 일종의 생명력을 불어넣는 일이라고 볼 수 있겠다.

이 책에서 다룬 10종의 식물 이름 또한 그렇다. 버드나무, 복숭아, 벼, 해바라기, 장미, 연꽃, 백합, 할미꽃, 작약, 매실나무는 사람들의 입을 통해 이 이름으로 불리게 되면서 그 존재감을 가지게 되었다. 각각의 식물은 나라마다 다르게 불린다. 이는 서로 다른 언어와 문화의 차이로 대상은 같지만 각기 다른 명칭을 갖게 된 것이다. 이 책을 통해 한국, 중국, 일본을 중심으로 하는 동양과 서양에서의 식물 명칭과 그로부터 파생된 다양한 어휘들 및 관련된 이야기, 그리고 이들이 갖는 문화적 상징성을 주유(周遊)하는 시간을 갖게 될 것이다.

본문에서 다루는 내용을 일부 발췌해 살펴보면 다음과 같다.

버드나무는 동양에서 강가의 버드나무가 버들강아지와 함께 봄소식을 알려주며 이별을 의미하기도 한다. 서양에서는 묘지에서 버드나무를 일반적으로 관찰할 수 있으며, 장례식에 사용되어 애도와 슬픔을 상징한다.

복숭아는 동양에서 귀신을 쫓는다고 믿었다. 또한 복사꽃이 들어가는 어휘 중에는 남녀 간 애정 방면의 좋은 운을 의미하기도 한다. 서양 문화에서는 복숭아를 친절하고 매력적인 인물을 묘사하는 데 사용하며, 서양 문학에서는 아름다움, 유혹, 그리고 관능적인 쾌락의 상징으로 이용되었다.

해바라기는 동양에서 돈을 잘 벌게 해준다고 생각해 가게마다 걸어두기도 했다. 이는 해바라기의 노란색이 황금과 관련된 것으로 유추할 수 있다. 서양에서는 해바라기를 지고지순한 사랑과 열정을 상징하기도 한다.

장미는 동양에서 화장품과 음식 재료 등으로 활용되고 있다. 우리가 잘 아는 조선시대 「장화홍련전」에 등장하는 장화가 바로 장미이기도 하다. 서양에서는 전쟁 이름에 장미가 들어간 예가 있다. 붉은 장미를 문장으로 한 랭카스터 가문과 흰 장미를 문장으로 하는 요크 가문 사이의 영국 내전을 '장미전쟁'이라 부른다.

할미꽃은 한자로는 백두옹(白頭翁)이지만 한국에서는 보통 할미꽃이라고 부른다. 일본과 중국에서는 한자 그대로 사용하기 때문에 할아비꽃으로 불린다. 한국에는 할미꽃에 얽힌 슬픈 전설이 다양하게 전해지는 반면, 유럽에서는 '패스크플라워(pasque flower)'로 부활절과 관련되며 '새로운 시작'을 의미한다.

작약은 동양에서 그 뿌리를 약재로 사용했으며 관상용으로도 많이 심었다. 중국에서 작약은 재상의 권력을 상징했으며 현재는 중국의 밸런타인데이로 볼 수 있는 칠석절(七夕節)을 대표하는 꽃이기도 하다. 서양에서는 치유의 신인 파이안(Paián)의 이름에서 시작했는데, 동양과 유사하게 질병 치료와 관련된 의미를 가진다.

이처럼 같은 식물일지라도 각 나라별로, 특히 동서양에서 그 상징과 명칭은 각기 다르다. 또한 각 나라별로 식물은 그 외형적 모습과 색깔 그리고 향기 등으로 인해 관상용으로부터 식용, 약용까지 그 쓰임새도 다양했다. 이는 과거 식재료나 의약품이 현대처럼 풍부하게 발달하지 않았기 때문일 것이다. 따라서 대다수의 고대 문인들은 의학적 지식을 갖추고 있었다. 일례로 중국에서는 두보(杜甫), 백거이(白居易), 유종원(柳宗元), 육유(陸遊) 등 의학적 지식을 갖춘 문인들을 가리켜 초약시인(草藥詩人)이라고 불렀다. 이러한 문인들로 인해 식물의 이름은 고대 문학 작품에도 등장하며 문화적 요소와 함께 다양한 표현으로 발달시키기도 했다.

이 책을 통해 독자들께서 한국, 중국, 일본 그리고 서양의 각 나라에서 유래한 식물에 대한 흥미로운 이야기를 만나게 될 뿐만 아니라, 동양과 서양의 언어·문화적 차이의 비교를 통해 새로운 통찰력을 얻게 되기를 기대한다.

제 1 장

이별과 만남을 상징하는 부드러운 가지 · 버드나무

버드나무와 버드나무들

버드나무는 버드나뭇과에 속하는 낙엽 교목[*Salix koreensis*]의 이름이다. 만주와 한국, 일본이 원산지로, 온대 지방의 습기가 많은 개울가에서 자란다. 그렇지만 우리는 이외의 많은 나무를 '버드나무'라고 부르는데, 버드나뭇과 버드나무속 식물을 통틀어 버드나무라 이르기도 하기 때문이다. 즉 우리가 흔히 보는 능수버들, 수양버들, 키버들, 갯버들 등등을 모두 버드나무, 줄여서 '버들'이라고 부른다.

'버들'이라는 단어가 문헌에 처음 등장한 것은 1446년에 간행된 『훈민정음』 해례본이다. 한자로는 柳(버들 류)와 楊(버들 양)을 쓴다. 원래 유(柳)는 관목을 가리키고 양(楊)은 교목을 가리키지만 통용하여 '양류(楊柳)'라고 쓴다.

다양한 버드나무류가 있지만 대체로 키가 10미터 이상 크게 자라며, 가지가 길게 늘어진다. 그렇지만 능수버들과 수양버들이 3~4년 된 가지가 더 길게 늘어지는 데 비해 버드나무는 그해 난

가지만 늘어지고 그 이전에 난 가지는 하늘로 쭉 뻗곤 한다. 버드
나무는 물가에서 잘 자라기 때문에 수향목(水鄕木)이라고 하며,
생약명으로는 청명류(淸明柳)라 한다. 꽃은 보통 버들개지라 하며,
강아지의 꼬리를 닮았다고 해서 '버들강아지'라고도 부른다.

예로부터 우리 조상들은 버드나무를 여러 가지 용도로 활용해
왔다. 신라시대에는 버드나무 그릇[柳器]의 제작을 맡은 양전(楊
典)이라는 관아가 있었으며, 고려에 사신으로 온 송(宋)나라 서긍
(徐兢)의 『선화봉사고려도경(宣和奉使高麗圖經)』(이하 『고려도경』)을
통해 고려시대에 버드나무 가지로 화살을 만들었다는 것을 확인
할 수 있다. "화살은 대[竹]를 사용하지 않고 버드나무 가지로 만
드는데 더 짧고 작다. 화살을 쏠 때는 시위가 충분히 당겨지기를
기다리지 않고 온몸을 들어 쏘아 보내니, 화살이 비록 멀리 나가
기는 해도 힘은 없다."*라고 쓰여 있기 때문이다.

봄철 갯버들(Salix gracilistyla)의 가지에 물이 한창 올랐을 때 가
지를 잘라서 껍질을 살살 돌려 속대와 분리한 후 원하는 크기에
맞게 껍질을 자르고 한쪽의 겉껍질을 벗긴 다음, 혀[舌]를 만들어
입으로 쓴 물을 여러 번 뱉어내고 불면 소리가 난다. 길이가 길면
탁한 소리가 나고 길이가 짧으면 맑은 소리가 난다. 피리처럼 표면
에 작은 구멍을 뚫어서 소리를 조절하기도 한다. 표준어로는 '호
드기' '버들피리'라고 하고 사투리로는 '호디기' '호두기' '횟대기'라

---

* 『고려도경(高麗圖經)』 권13 「병기(兵器)」 '궁시(弓矢)'.

그림 1-1 버들개지
© 조성덕

고 하며, 한자로는 '유적(柳笛)'이라고 한다.

버드나무는 가지를 꺾어서 땅에 꽂아도 뿌리를 내려 자라기 때문에 전국의 하천과 연못 주변에 능수버들이 줄지어 있는 것을 흔히 볼 수 있다. 송시열(宋時烈, 1607~1689)의 『송자대전(宋子大全)』에는 버드나무가 습한 곳에 알맞으며 6월에 가지가 드리워져 그늘을 만들어준다는 사실을 소개하고 있다. 호두과자로 유명한 천안과 관련된 옛 노래 〈천안삼거리〉에도 "천안 삼거리 흥~ 능수버들은 흥~ 제 멋에 겨워서 휘늘어졌구나"라는 구절이 있다.

버드나무가 물가에서 잘 자라는 특징은 고려 태조 왕건이 신혜왕후를 만났을 때나 조선 태조 이성계가 둘째 부인인 신덕왕후를 만났을 때의 이야기에도 나타난다. 신덕왕후가 시냇물을 떠서 이

성계에게 줄 때 그릇에 버들잎을 띄우자 그 지혜를 높이 사서 왕비로 맞았다고 전해지는데, 이 이야기에서도 시냇가의 버드나무가 등장한다. 평양의 대동강 가에 버드나무가 많아서 평양의 별칭을 유경(柳京)이라고 했다.

버들과 버드나무가 포함된 어휘들

버드나무와 관련된 동물의 이름이 많은 것이 흥미로운데, 먼저 강버들 밑에서 유영하는 것을 좋아한다고 해서 버들치(잉어목 잉어과)라 불리는 물고기가 있다. 버들붕어(농어목 버들붕어과) 또한 한국 전역의 물풀이 우거진 곳에 서식하는 물고기다. 금강모치(잉어목 잉엇과)는 별명이 수땅버들치, 버들쟁이, 산버들치, 버드랑치, 버들피리, 버드쟁이, 용버들쟁이다. '버들'을 포함한 물고기는 모두 민물고기라 버드나무가 강가에서 잘 자라는 특성에서 붙여진 이름으로 추정할 수 있다. 한편, 버들과 관련된 곤충의 이름도 많다. 버드나무결등불나비, 버드나무독나비, 버드나무박나비, 버드나무벌레, 버드나무새나비, 버드나무서리밤나비, 버드나무잎벌레, 버드나무좀, 버드나무하늘소, 버드나무혹파리 등이다. 이름에 '버들' '버드나무'가 들어간 곤충은 주로 잎을 갉아먹거나 해서 버드나무를 해치는 곤충이라는 것이 흥미롭다.

한자 柳가 포함된 어휘도 다양하게 쓰인다. 상여를 뜻하는 유거(柳車), 버들가지로 짠 그릇을 가리키는 유기(柳器), '초록빛 버들잎

그림 1-2 고리버들로 만든 고리짝

과 붉은 꽃'이라는 뜻으로 봄의 자연 경치를 이르는 유록화홍(柳綠花紅), 버들솜을 가리키는 유면(柳綿)과 유서(柳絮), 봄소식을 뜻하는 유신(柳信) 등이 있다.

버드나무가 포함된 속담으로 '개가 콩엿 사 먹고 버드나무에 올라간다.'가 있는데, 어리석고 못난 사람이 감히 할 수 없는 일을 하겠다고 큰소리치는 것을 의미한다.

수양버들과 여인

버드나무의 꽃은 옛날부터 유화(柳花), 버들솜이라고 불렀다. 봄철에 흩날리는 버들개지가 모이면 마치 푹신하고 하얀 솜이불을 연상케 한다. 또한 버드나무 가지의 가늘고 부드러운 느낌은 유미(柳眉: 미인의 눈썹), 유태(柳態: 고운 맵씨)와 같이 미인을 가리키는 비유로 柳 자를 사용하게 만들었다. 그러나 글자의 위치가 바뀌어 柳 자 앞에 꽃[花]이 들어간 화류(花柳)와 화류계(花柳界), 柳 자와 길[路]이 합쳐진 노류(路柳), 노류장화(路柳牆花), 유가(柳街: 기방거리), 유백(柳陌: 기방), 유항(柳巷: 기방)은 내용과 그 상징성이 사뭇 달라진다.

버들이 순수하고 청순한 느낌이라면 '꽃'이라는 글자와 결합하면서 이성적인 사랑에서 감각적인 사랑으로 바뀌게 된다. 이는 버드나무 아래에서 인연을 맺은 성춘향과 이몽룡의 사랑을 그린 「춘향전(春香傳)」에 잘 묘사되어 있다. 조선 후기의 문신 윤기(尹愭, 1741~1826)의 『무명자집(無名子集)』 가운데 봄날 바람에 하늘거리는 연녹색 버드나무 가지의

그림 1-3 버들솜
© 조성덕

아름다운 모습을 미인들도 질투하여 가지를 꺾고 싶어한다는 아래 시는 특히 마음에 와 닿는다.

하늘하늘 엉킨 연기 아리땁기 그지없이	縈煙裊娜不勝嬌
누대와 여염집 곳곳에서 흔들리니	舞榭粧樓處處搖
미인들이 질투하여 죄다 꺾지 않을까	却恐佳人妬盡折
눈썹 같은 가는 잎과 허리 같은 가지들	葉如眉細枝如腰*

---

* 『무명자집』 시고 4책 시(詩) 「버드나무[柳]」.

제1장 | 버드나무

버드나무 아래에서의 이별

버드나무는 예로부터 '이별'의 상징이기도 했다. 이는 물가에서 잘 자라는 버드나무의 특성상 이별이 빈번이 이루어지는 나룻가에 버드나무가 있었기 때문이기도 하겠지만, 버드나무를 가리키는 柳와 '머무르다'라는 의미의 글자 留의 발음이 같기 때문에, 떠나지 말고 머물기를 바라는 마음에서 나룻가에 버드나무를 심은 것도 한 이유가 되었다. 그래서 버드나무가 심어진 곳에 있는 다리를 유교(柳橋)라고 부르며 송별하는 곳의 의미로 쓰이게 되었다.

이별시의 대명사로 꼽히는 고려 후기의 문신 정지상(鄭之祥, ?~1135)의 「송인(送人)」과 조선 초기의 문신 성현(成俔, 1439~1504)

그림 1-4 수양버들
© 조성덕

의 「양류사(楊柳詞)」에서도 이별할 때 버들가지를 꺾어준 고사를 인용해 대동강에서 친구와 이별하는 정한을 이야기하고 있다.

조선 중기의 문신 최경창(崔慶昌, 1539~1583)과 관기 홍랑(洪娘)의 사랑 이야기에도 버드나무가 얽혀 있다. 최경창은 북도평사(北道評事)의 임무를 띠고 함경도 경성에 있을 때 관기인 홍랑과 사랑에 빠졌는데, 얼마 후 최경창이 임기를 마치고 한양으로 돌아가게 되자 홍랑이 그를 배웅할 때 버들가지를 꺾어주며 시 한 수를 전한다.

산 버들가지 골라 꺾어 임에게 드리오니
주무시는 창가에 심어두고 보옵소서
밤비 내릴 때 새잎이라도 나거든 날 본 듯 여기소서*

버드나무, 봄의 시작과 새로운 생명

버드나무는 중국어로 리우[柳]다. 버드나무는 이른 봄에 싹이 트기 때문에 중국에서 봄의 시작과 새로운 생명을 상징하는 식물이다. 버드나무 가지는 가늘고 부드러워 주로 여성의 가는 허리를 묘사하는 데 사용되어 여성 자체를 비유하기도 한다. '리우[柳]'와 '머무르다'를 뜻하는 중국어 '리우[留]'는 한자는 다르지만 음이 똑

---

* 『고죽유고(孤竹遺稿)』 시(詩) 「번방곡(飜方曲)」.

같다. 이에 옛사람들은 친구를 배웅할 때 늘 버들가지를 꺾어서 가지 말고 머물러 달라는 애틋한 이별의 정을 표현했다.

애틋한 이별의 정을 표현하는 버드나무는 사람의 감정뿐만 아니라 육체를 위로하기도 했다. 이시진(李時珍)이 쓴 『본초강목(本草綱目)』의 현대 해석에 따르면 버드나무 가지, 뿌리, 껍질, 잎, 꽃 및 씨앗은 모두 약재로 사용한다고 한다. 버드나무는 중풍을 막고 통증을 억제하며, 이뇨 작용과 부기 제거 등에 효과가 있다고 한다. 옛사람들에게 버드나무는 몸과 마음을 모두 챙겨준 가깝고도 긴밀한 식물이었음을 알 수 있다.

이런 버드나무를 가리키는 글자 '리우[柳]'는 형성자(形聲字)다.* 리우[柳] 자는 일찍이 갑골문(甲骨文)에서 나타났다. 〈그림 1-5〉에서 갑골문 '리우[柳]'는 木과 卯 두 부분으로 구성되어 있으며, 현대 한자의 구성과 같다. 다만 갑골문에서는 木이 위에, 卯가 아래에 위치한 상하 구조다. 위쪽이 의미를 나타내는 木이고, 아래쪽은 음을 나타내는 卯다. 갑골문이 금문(金文)으로 발전하면서 좌우 구조의 柳로 바뀌게 되었고, 왼쪽이 木, 오른쪽이 卯로 구성되었다. 『설문해자(說文解字)』**에서는 桺로 나타나는데, 이는 卯 위에 한 획을 더 긋는 바람에 '유(酉, 닭 유)'를 의미하는 고대 중국어 丣로 잘못 표기된 것이다. 신중국*** 성립 이후 잘못 표기한 桺는

---

* 형성자는 의미를 나타내는 '형방'과 발음을 나타내는 '성방'으로 구성된 글자다.
** 동한(東漢)의 허신(許愼)이 편찬한 중국 최초의 문자학 저작이다.

이체자로 柳에 통합되었다.

갑골문	금문	설문해자	진계간독	해서

그림 1-5 柳 자형의 변천

중국어 버드나무 리우[柳]와 관련된 성어와 시

버드나무가 중국의 옛사람들에게 정서적으로 친숙한 식물이었던 만큼, 리우[柳]와 관련된 성어도 많다. 먼저 '양류의의(楊柳依依)'가 있다. 『시경(詩經)』 「소아(小雅)·채미(采薇)」에 "옛날에 내가 길을 떠날 때에는, 푸른 버들가지가 휘휘 늘어졌는데, 지금 내가 돌아올 때에는 함박눈이 펄펄 내리네[昔我往矣, 楊柳依依. 今我來思, 雨雪霏霏]."라는 구절이 있다. 변방에서 오래 수자리 살다가 고향에 돌아오는 병사의 심경을 읊은 시로, '양류의의(楊柳依依)'는 가족과의 이별을 아쉬워하는 석별의 정을 비유하는 성어다. 또한 『서상기(西廂記)』****에는 '패류잔화(敗柳殘花)'라는 단어가 나오는

*** (앞쪽) 중화인민공화국 수립 이후의 중국을 일컫는다. 1949년 10월 1일 베이징 [北京]의 톈안문[天安門] 광장에서 마오저뚱[毛澤東]이 중화인민공화국 수립을 공식 선언했다.

**** 원대(元代)의 왕실보(王實甫)가 지은 희곡(戲曲)이다.

데, 잎이 다 떨어진 버드나무와 시든 꽃이라는 뜻이다. 아름다움을 잃은 미인이나 권세를 잃은 실력자를 비유하는 성어다.

성당(盛唐) 시인 왕지환(王之渙)의 시 「송별(送別)」에 柳가 들어간 구절이 있다. "楊柳東風樹"는 '버드나무를 동풍수라 하는데'라고 풀이할 수 있다. 동풍(東風)은 봄철에 동쪽에서 불어오는 따뜻한 바람을 가리키는데, 여기서 나무 수(樹) 자를 더해 버드나무를 봄의 나무라 부른다는 것이다.

> 버드나무를 동풍수라 하는데
> 협어하에 파릇파릇 늘어져 있네.
> 요즘 잡아 꺾이는 고통을 당하고 있음은
> 아마도 이별이 많기 때문이라네.
> [楊柳東風樹, 靑靑夾御河.
> 近來攀折苦, 應爲別離多.]

버드나무 젓가락과 이쑤시개

일본 고유어로 버드나무는 '야나기(やなぎ)'다. 과거에 버드나무는 화살을 만드는 재료로 사용되었는데, 화살에 사용된 나무를 '야노키[箭の木]'라고 부른 데에서 유래했다는 설이 유력하다(『도가[東雅]』). 4,000여 개 이상의 고대 가요를 모아 8세기 편찬된 일본 최고(最古)의 가집 『만요슈[万葉集]』에는 버드나무가 소재로 사용된 노래가 다수 있다.*

　도호쓰아후미의 아토가와 버드나무 베어버려도 다시 또 자라나는 아
토가와 버들
　[丸雪降 遠江 吾跡川楊 雖苅 亦生云 余跡川楊]**

　봄이 되면 버드나무의 가지가 기품 있게 늘어지듯이, 그녀가 나의 마
음에 들어오네.
　[春去 爲垂柳 十緖 妹心 乘在鴨]***

　'야나기'로 읽는 동훈이자(同訓異字)로는 柳, 楊 등이 있다. 그 구
분과 사용이 명확하지는 않지만『일본국어대사전(日本国語大辞
典)』에 따르면 일반적으로 柳는 버드나뭇과 식물을 총칭하며 시다
레야나기[垂柳]와 같이 가지가 길게 늘어진 수양버들을 가리킨다.
시다레야나기는 이토야나기[糸柳: 직역하면 실버들]라고도 한다. 한
편 楊은 네코야나기[猫柳: 직역하면 고양이버들]와 같이 가지가 처지

---

* 이하『만요슈』의 원문은『신일본고전문학대계(新日本古典文学大系)』에 의하며, 해당
권수와 노래 번호를 적어두었다. 번역은 필자의 졸역을 제시한다. 참고로『만요슈』의
노래 번호는 일본 근대에 일본 와카[和歌]를 집대성한『곳카타이칸[国歌大観]』이 편
찬되면서 매겨진 번호로서, 통상 노래 번호를 사용해 시를 지칭한다.
** 『만요슈』제7권 1293.
*** 『만요슈』제10권 1896.

　　　　　　　　　　　　　　　　　　　　제1장 | 버드나무

지 않는 갯버들을 가리킬 때 보통 사용된다.

네코야나기라는 명칭은 화수(花穗)의 모양이 고양이 꼬리를 연상시키기 때문에 붙은 것인데, 이 명칭의 역사는 그리 길지 않다. 위의 『만요슈』의 예시처럼 고대에는 가와야나기[川楊]라고 하여 시다레야나기[垂柳]와 구분해서 사용했다. 근세 시기 가와야나기의 별칭으로 등장하기 시작해 근대 이후 네코야나기라는 표현이 일반화된 것으로 보인다. 고양이가 아니라 강아지 꼬리에 빗대 에노코로야나기[狗子柳: 직역하면 강아지버들]라고도 한다. 엄밀히 말하자면 그 모양이 다르지만, 한자 표기는 柳, 楊을 구분 없이 사용하는 경향이 있다.

네코야나기로 만든 젓가락은 결혼식이나 새해 첫 식사 등 축하할 일에 사용한다. 말 그대로 축하연에 사용하는 젓가락이라 하여 통칭 '이와이바시[祝箸]'라고 부르는 것인데, 중요한 축하연에서 젓가락이 부러지면 불길하므로 쉽게 부러지지 않는 버드나무가 주로 사용되어 야나기바시[柳箸]라고도 부른다. 야나기의 음을 취해 야나기바시[家内喜箸]라고 적기도 한다.

우리의 '이쑤시개'에 해당하는 쓰마요지[爪楊枝, 妻楊枝] 역시 버드나무 가지로 만들었던 것에서 유래한 명칭으로, 뾰족한 끝을 뜻하는 쓰마(つま)가 결합한 어휘다. 고요지[小楊枝]라고도 하며, 간단히 요지[楊枝]라고도 한다. 또 구로모지[黒文字]라고도 부르는데, 고급 이쑤시개의 재료인 조장나무를 부르는 일본어 구로모지[黒文字]에서 유래한 것이다. 본래 쓰마요지는 이쑤시개가 아니라

칫솔도 함께 부르는 말이었는데, 일본에서 칫솔이 일반 서민들에게까지 대중화된 것은 에도시대[江戸時代] 때였다. 후사요지[総楊枝 혹은 房楊枝]라고 하여 나무 한쪽 끝을 빻아 부드럽게 만들어 술처럼 만든 이쑤시개였는데, 부드러운 부분으로 이를 닦고 반대쪽 뾰족한 부분으로 치간 청소를 하는 식으로 사용했다.

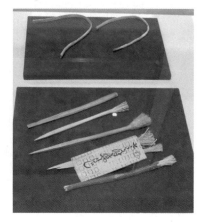

그림 1-6 후사요지

가지가 길게 늘어진 버드나무와 여자 귀신

버드나무와 관련된 관용구 중에는 부드러움 속의 강함을 강조한 표현이 있다. '야나기니 유키오레나시[柳に雪折れなし]'는 직역하자면 버드나무에 쌓인 눈 때문에 버드나무가 부러질 리 없다는 뜻인데, 마음이나 행동에 있어 유연함의 중요성을 말할 때 종종 사용된다. 비슷한 표현으로 '야나기니 카제[柳に風]'가 있다. 버드나무가 바람에 따라 이리 저리 흩날리듯 유연한 대처를 강조하는 표현이지만, 아이러니하게도 강력한 태풍 소식을 전하는 기사 제목으로 종종 사용된다. 어떠한 바람에도 꺾이지 않는 버드나무마저 쓰러뜨린 재해의 위엄을 드러내고자 함이다.

제1장 | 버드나무

그림 1-7 『에혼햐쿠모노가타리』 속 야나기온나

한편, 길게 늘어진 버드나무는 더위를 식히는 그늘을 만들어 물고기의 보금자리를 제공하기도 하는데, 이와 관련된 관용구가 있다. 버드나무 아래 미꾸라지를 뜻하는 '야나기노 시타니 도조[柳の下に泥鰍]'다. 버드나무 아래에서 미꾸라지 한 마리를 잡았다고 해서 항상 그곳에 미꾸라지가 있을 리 만무하다는 것으로, 우연한 행운을 얻었다고 해서 또다시 같은 방법으로 행운이 반복될 가능성은 낮다는 의미다.

또 버드나무는 가지가 길게 늘어진 모습 때문인지 여자 귀신과 관련되기도 한다. 야나기온나[柳女]는 근세 말기 출간된 기담집 『에혼햐쿠모노가타리[絵本百物語]』(1841)에 등장하는 귀신이다. 설명문에 따르면, 바람이 거센 날 아이를 안은 여자가 버드나무 아래를 지나가다가 여자의 목에 버드나무 가지가 엉켜 죽고 말았다. 유령이 된 여자는 아직도 버드나무에 머무르며 밤마다 나타나서는 "원통하다. 원망스러운 버드나무여."라고 흐느낀다고 적고 있다. 이 기담집에는 천 년 넘은 버드나무가 변한 귀신인 야나기바바[柳婆: 버드나무 노파]도 등장한다.

버드나무, 슬픔과 애도의 상징

버드나무는 전 세계에 분포하는 낙엽 활엽 교목으로, 버드나무의 영어 단어인 윌로(willow)는 고대 영어 단어 welig에서 유래되었다. 이 단어는 여러 종류의 버드나무를 가리키며, 이는 게르만어 *walyaz 또는 *wiljaz*에서 파생되었을 것으로 보인다. 이 게르만어는 다시 '돌다[turn]' 또는 '비틀다[twist]'를 의미하는 인도유럽어 *wei-에서 유래되었다고 추측되며, 이는 버드나무의 유연한 가지들이 쉽게 비틀리거나 꺾이지 않는 특성을 참조한 것이다.

버드나무속 버드나무종을 대부분 willow라고 부른다. 그중에서는 잎이 가늘고 가지가 잘 구부려지며 바구니를 만드는 데 사용되는 버드나무종을 오시어(osier)라고 하고, 잎이 넓은 버드나무종을 샐로(sallow)라고 한다. 가지가 길게 늘어진 수양버들[weeping willow, *Salix babylonica*], 잎의 아래쪽이 흰색인 서양흰버들[white willow, *Salix alba*], 염소들이 먹는다는 호랑버들[goat willow, *Salix caprea*] 등이 잘 알려져 있다.

나무의 이름을 둘러싼 언어적 특징에서, 서로 다른 언어가 동일한 종에 다양한 동물의 이름을 끌어들이는 경향을 보는 것은 매우 흥미롭다. 영어에서는 버드나무의 부드럽고 털이 많은 꽃차례를 catkins라고 부른다. 이 용어는 꽃차례가 새끼 고양이의 꼬리

---

* 단어 앞의 *는 고대나 중세의 독음에 대한 재구음을 뜻하는 표시다.

와 닮았다고 하여 네덜란드어 katteken, 즉 '작은 고양이'에서 유래되었다. '퍼시윌로(pussy willow)'라는 용어는 특히 '살릭스 디스컬러(*Salix discolor*)'와 같은 특정 종들을 지칭하는데, 이들 역시 고양이의 발바닥을 연상케 하는 부드럽고 복실복실한 꽃차례로 유명하다. 반면, '살릭스 카프리아(*Salix caprea*)'는 영어로는 goat willow라고 알려져 있다. 이는 염소가 이 나무를 좋아한다는 사실에서 붙은 이름이지만, 한국어에서는 같은 종을 '호랑버들'이라고 부른다. 이처럼 언어와 자연의 상호작용은 우리의 식물 명명법을 풍부하게 할 뿐만 아니라 자연 세계에 대한 문화적 관점과 경험을 반영한다.

문학과 기독교 성경에서는 '수양버들[weeping willow]'이 주로 등장한다. 강가에서 자라는 가지가 길게 늘어진 버드나무로, '살릭스 바빌로니카(*Salix babylonica*)'로 분류된다. 이 '울고 있는 듯한 [weeping]' 외관 때문에 이 나무는 종종 슬픔, 애도, 우울증의 상징으로 사용된다. 셰익스피어의 「햄릿」에서는 슬픔에 잠긴 오필리아가 버드나무에서 떨어져 익사하는 아름답고 비극적인 장면이 등장하며, 이때의 버드나무는 오필리아의 슬픔과 그녀에 대한 애도를 상징한다. 또한 셰익스피어의 「오셀로」에도 버드나무가 등장한다. 여기서 데스데모나가 부른 〈버드나무 노래[Willow Song]〉는 자신의 살해가 예고되는 복선으로, 오셀로와 데스데모나의 비극적인 사랑을 상징한다.

구약 성경에서는 버드나무가 슬픔과 그리움의 상징으로 등장

그림 1-8 존 에버렛 밀레이(John Everett Millais)의 〈오필리아〉

한다(시편 137장 1~2절). 이스라엘 사람들이 유배 생활을 하던 중, 그들을 포로로 잡아온 지배자들이 그들에게 시온의 노래를 부르라고 요구했을 때, 그들은 버드나무에 수금을 걸어두었다. 이는 이방인의 땅에서 자신들의 신을 찬양하는 노래를 포획자의 즐거움을 위한 노래로 부르는 것을 거부하겠다는 의지의 표시이자 망국인의 슬픔의 표현이었다.

서구 문화에서 오랫동안 버드나무의 늘어진 가지들이 슬픔과 애도의 시각적 표현으로 인식되어온 것은 버드나무를 묘지에서 흔히 볼 수 있으며, 장례식에서 사용하는 것에서도 알 수 있다. 18세기와 19세기 미국 뉴잉글랜드 지역의 묘비에서는 버드나무 모양이 새겨진 것이 많이 보이며, 이는 애도, 슬픔 그리고 상실감

그림 1-9 장지의 묘석 도상

을 상징한다.

버드나무와 관련된 영어 표현 중에서 크리켓과 연관된 것들이 눈에 띈다. 19세기 후반에 크리켓 게임을 인격화하여 '킹 윌로(King Willow)'라고 불렀다. 1907년부터는 '크리켓 배트 윌로(cricket bat willow)'라는 용어가 사용되기 시작했다. 크리켓에서 사용하는 배트는 전통적으로 버드나무로 만들었다. 특히 크리켓 배트용으로 선택되는 버드나무종은 '흰버드나무[white willow, *Salix alba*]'로, '영국 버드나무[English willow]'라고도 알려져 있다. 이 버드나무종은 튼튼함과 충격에 강한 내구성으로 인해 크리켓 볼의 충격을 잘 견딜 수 있어 선호된다. 또한 영국 버드나무는 가벼운 무게와 배트 제작에 유리한 결 구조로 인해 특히 높이 평가받는다.

크리켓 배트 제작에 사용되는 다른 나무로는 인도와 파키스탄에서 자라는 '카슈미르 윌로(Kashmir willow)'가 있다. 카슈미르 버드나무는 영국 버드나무보다 더 단단하고 건조하여, 더 저렴한 크리켓 배트를 만드는 데 종종 사용된다. 영국 버드나무가 프로 플레이에 더 우수하다고 여겨지는 반면, 카슈미르 버드나무 배트는 아마추어 플레이에서 상당히 인기가 있다.

버드나무는 그 어원부터 문화적 의미까지, 다양한 측면에서 서양인의 생활과 연결되어 있음을 알 수 있다. 그것은 단순한 나무 그 이상의 의미를 지니며, 그들의 삶 속에서 보다 깊은 감정과 경험을 표현해주는 상징이다.

제2장

화사한 꽃과 다디단 열매 · 복숭아

『삼국사기』와 복숭아꽃의 개화

복숭아는 장미과에 속하는 교목성 낙엽과수로, 원산지는 중국 화북의 산시성[陝西省]과 간쑤성(甘肅省)의 고원지대다. 기원전 2~1세기에 페르시아 지역으로 전해졌고 다시 유럽으로 전래되었다. 우리나라에도 야생종 복숭아가 있으나 큰 열매를 맺는 종자는 보이지 않는다. 1906년 외국의 품종이 도입되면서 현재와 같은 복숭아나무가 재배되기 시작했다.

복숭아나무의 꽃인 도화(桃花)는 매화, 살구와 함께 봄꽃의 대명사로 꼽힌다. 또한 그 열매인 복숭아는 여름 과일의 여왕으로 불릴 만큼 여름 하면 떠오르는 대표 과일이다. 덩굴에서 열리는 수박, 참외와 함께 나무에서 열리는 과일로, 제철이 아니면 생으로 먹기 어려웠던 과일이다.

김부식(金富軾, 1075~1151)의 『삼국사기(三國史記)』에는 백제 온조왕 3년(기원전 16)과 신라 파사이사금 23년(서기 102) 등의 기록에서 10월에 복사나무와 자두나무에 꽃이 피었다는 내용이

10회 나오는데,* 원래의 개화 시기인 봄이 아니라 10월에 꽃이 피었다는 이상기후 현상을 기록한 내용으로 보인다. 이 내용을 통해 당시 고구려, 신라, 백제에 이미 복숭아가 재배되었던 것을 확인할 수 있다. 삼국시대와 고려 및 조선 왕조를 거치면서 복숭아는 우리의 귀화 품종으로 자리 잡았으며, 벽도(碧桃), 반도(蟠桃)**, 홍도(紅桃) 등의 이름을 확인할 수 있다. 서긍의 『고려도경』에는 "고려의 복숭아는 맛이 없고 크기가 작다."***라고 나오며, 한치윤(韓致奫, 1765~1814)의 『해동역사(海東繹史)』에는 "신라의 복숭아는 먹을 수 있으며 성질이 뜨겁다."****라고 쓰여 있는 것을 보면 현재의 복숭아와는 크기나 맛에 있어서 차이가 있었다는 것을 확인할 수 있다.

---

* 『삼국사기(三國史記)』 권1 「신라본기(新羅本紀) 1」.

** 한나라 무제(武帝)의 창(窓) 앞에 파랑새가 와서 울었다. 그것을 보고 동방삭(東方朔)이, "그 파랑새는 서왕모(西王母)의 사신인데 오늘밤에 서왕모가 올 것입니다." 하였다. 서왕모는 옥황상제의 첩이었다. 그날 밤 과연 서왕모가 자기의 동산에 열린, 삼천 년에 한 번씩 열린다는 반도(蟠桃)라는 복숭아를 가지고 내려왔다 한다.
중국 선진(先秦) 시기에 쓰여진 『산해경(山海經)』에는 "동해 가운데 도색산(度索山)이 있다. 그 산에 큰 복숭아가 있는데 굴반삼천리(屈盤三天里)다."라고 하였다. 이 때문에 '蟠(서릴 반)'이라고 한 것이다.

*** 『고려도경(高麗圖經)』 권23 「잡속(雜俗) 2」 '토산(土産)'.

**** 『해동역사(海東繹史)』 권26 「물산지(物産志) 1」 '과류(果類)'.

복숭아 이름의 변천

현대 국어 '복숭아'의 옛말인 '복화'는 15세기 문헌에서부터 나타난다. '복화'는 복숭아를 의미하는 명사 '복'에 한자 '화(花)'가 결합한 합성어로, 15세기 문헌에는 '복'만 단독으로 쓰이거나 '복花'로 표기된 예도 보인다. 16세기에는 '복화'에서 두 번째 음절의 모음 ㅏ가 ㅗ로 바뀌고 세 번째 음절의 자음 ㅎ이 탈락한 '복숑와'의 형태가 등장하는데, 16세기 문헌에는 나타나지 않지만 17세기 문헌에 보이는 '복숑화'가 실제로는 '복숑와'보다 이전 형태로 파악된다. 17세기에는 '복숑와'의 이중모음 ㅘ에서 ㅗ가 탈락한 '복숑아' 형태가 등장했다. '복숑아'에서 두 번째 음절의 모음 ㅛ가 음성 모음인 ㅠ로 바뀌고, ㅅ 뒤에서 모음 ㅕ가 ㅜ로 바뀌어 19세기 문헌에서부터는 현대 국어와 같은 '복숭아'의 형태가 등장하게 되었다. 한편 17~18세기 문헌에는 '복숑화, 복숑와, 복숑아'에서 자음 ㅇ[ŋ]이 탈락한 '복쇼화, 복쇼와, 복쇼아' 형태도 나타난다.

세기별 용례를 참고할 때, 단어별 사용 시기는 '복'과 '복화'는 15~16세기, '복숑화'는 17~18세기, '복숑와'는 16~17세기, '복숑아'는 17~19세기, '복숭아'는 19세기에서 현재까지 사용된 것을 확인할 수 있다.[1]

복숭아의 사투리를 가나다순으로 정렬하면 대략 50여 개로 확인되는데,* 이들 단어는 대부분 근현대에 사용된 사투리를 정리한 것이기 때문에 옛 문헌에서는 확인할 수 없다. 결국 '복숭아'의 이칭은 크게 '복숭'과 '복상'처럼 ㅇ이 남아 있는 계열, '복사'와 '복시'처럼 ㅇ이 탈락된 계열, '복송아'와 '복승애'처럼 '복숭+花'의 형태가 변화해 뒤가 ㅇ의 형태로 바뀐 계열, '복새이'와 '복수아'처럼 앞에 있는 ㅇ이 생략된 계열로 구분할 수 있다.

복숭아나무는 한자로 도수(桃樹), 한글로 봉숭아, 복사나무라고도 한다. 나무껍질은 도백피(桃白皮), 꽃은 도화(桃花), 잎은 도엽(桃葉), 잔가지는 도지(桃枝), 뿌리는 도근(桃根), 나뭇진은 도교(桃膠), 복숭아씨의 알맹이는 도인(桃仁), 도핵인(桃核仁), 탈핵인(脫核仁)이라 한다. 허준(許浚, 1539~1615)의 『동의보감(東醫寶鑑)』에는 복숭아는 도핵인(桃核仁: 씨), 도화(桃花: 꽃), 도효(桃梟: 나무에 달린 마른 복숭아), 도모(桃毛: 털), 도두(桃蠹: 좀벌레), 경백피(莖白皮: 속껍질), 도엽(桃葉: 잎), 도교(桃膠: 진), 도실(桃實: 열매), 급성자(急性子: 붉은빛 작은 복숭아씨)는 물론이고 도부(桃符: 복숭아나무에 새긴 부적)까지 모두 질병 치료에 쓴다고 제시된다.

홍만선(洪萬選, 1643~1715)의 『산림경제(山林經濟)』에는 복숭아나무 재배법이 상세하게 언급되어 있다. 파종할 때 복숭아 과육을 제거한 후 구덩이를 파서 거름을 넣고 씨의 뾰족한 부분이 아래로

---

* (앞쪽) 방사, 벅성, 벅송, 벅숭아, 보셩, 보쑤아, 복상, 복새, 복새이, 복생, 복생이, 복서아, 복성, 복성게, 복성아, 복소아, 복송, 복송개, 복송게, 복송수, 복송시, 복송아, 복송화, 복쇄, 복쇄, 복수아, 복수애, 복수왜, 복순, 복숭, 복숭개, 복숭애, 복숭와, 복숭왜, 복숭화, 복슈애, 복승, 복승애, 복시, 복시아, 복싱, 복싱아, 봉사, 봉송, 봉쇄, 봉숭, 봉쑹, 북숭아, 뽁상.[2]

향하도록 심은 뒤 이듬해 싹이 나면 진흙을 붙여 옮겨 심고, 심은 지 3년이 되면 열매를 맺고 5년이면 가장 왕성하며 7년이면 늙고 10년이면 죽는다는 내용이다. 심은 지 3년째 되는 해 곧게 자란 대여섯 줄기의 껍질을 날카로운 칼로 그어 찢어주면 그 나무는 열매를 많이 맺는다는 정보도 수록했는데, 이 방법은 감나무의 해거리를 막으려고 일부러 날카로운 돌로 가지 사이에 상처를 내는 것과 유사하다. 시골에서 겨울에 비닐하우스에서 수박 모종을 포트에 심을 때 싹을 빨리 틔우기 위해 쪽가위로 뾰족한 부분을 자른 기억이 있다.

복숭아에 대한 불편한 진실

예로부터 복숭아나무와 복숭아는 귀신을 쫓는다고 믿어왔으므로 집 안에 복숭아나무를 심는 것을 금기했으며 제사상에도 복숭아를 올리지 않았다. 특히 복숭아나무 가지 중에서 동쪽으로 난 가지를 동도지(東桃枝)라 하여 귀신을 쫓는 힘이 더욱 힘이 강하다고 여겼는데, 귀신뿐 아니라 음식의 맛이 나빠지는 것도 막아준다고 믿었다. 또한 악귀를 제거하는 힘이 있는 과일로 알려져 선과(仙果)라 부르기도 했는데, 옛날부터 귀신을 쫓기 위해 복숭아나무를 신장대(神將대: 무당이 신장神將을 내릴 때에 쓰는 막대기나 나뭇가지)로 써왔다. 그래서 '귀신에 복숭아나무 방망이'라고 하여 무엇이든 그것만 보면 꼼짝 못 하게 되는 것을 가리키는 속담도 나오게 되었다.

민간에서는 여자가 한 남자의
아내로 살지 못하고 사별하거나
뭇 남자와 상간하도록 지워진 살
을 도화살(桃花煞)이라고 부르며,
"도화살이 끼다.""도화살을 타고
나다." 등의 표현을 썼다. 도화살
의 도화가 복숭아꽃을 의미하는
것은 맞지만 그 유래를 찾기는
어렵다. 다만, 예로부터 복숭아꽃
이 미녀, 특히 남성을 유혹할 만

그림 2-1 도화
© 조성덕

한 미녀로 비유되어온 것과 관련 있을 것으로 추측되는데, 그 예
로『삼국유사(三國遺事)』에 나오는 도화녀(桃花女)의 이야기를 들
수 있다. 신라 진지왕이 미녀인 도화녀(桃花女)를 탐내자 도화녀가
두 남편을 섬길 수 없다고 거절했는데, 이후 왕과 남편이 모두 죽
은 뒤 진지왕의 혼령과 동거해 아들 비형(鼻荊)을 낳았다고 전해
진다. 조선시대 고종의 총애를 받던 평양 기생을 엄비(嚴妃)가 시
샘해 바늘 끝으로 얼굴을 찔러 쫓아낸 일을 노래한 〈도화타령〉이
있는데, 이 평양 기생의 이름 또한 도화였다.

도화(桃花)가 포함된 어휘로는 도화반(桃花飯: 매홍지梅紅紙 위에
뒤섞어서 불그스름한 복숭앗빛으로 물을 들인 밥), 도화분(桃花粉: 복숭
아꽃 빛깔을 띤 백분白粉), 도화사희(桃花四喜: 동양화에서, 복숭아꽃과

그림 2-2 복숭아 열매
© 조성덕

네 마리의 까치를 그려 상서로움을 나타낸 화제畫題), 도화색(桃花色: 복
숭아꽃의 빛깔과 같이 붉은색), 도화석(桃花石: 엷은 홍점紅點이 있는 흰
돌), 도화선(桃花癬: 봄철에 주로 여자나 아이들의 얼굴에 생기는 피부병
으로, 손톱 크기만 한 붉은색 또는 흰색의 반점이 생긴다), 도화수(桃花
水: 복숭아꽃이 필 무렵에 흘러내리는 물이라는 뜻으로, 봄철의 시냇물)
등이 있다. 이름에 '도화'가 들어가는 물고기로 도화돔(桃花돔), 도
화망둑(桃花망둑), 도화백어(桃花白魚), 도화뱅어(桃花뱅어), 도화볼
락(桃花볼락), 도화사어(桃花沙魚), 도화새우(桃花새우), 줄도화돔
(줄桃花돔) 등이 있는데, 모두 복숭아의 색깔과 비슷하기 때문에
붙여진 이름이다.

　이유원(李裕元, 1814~1888)의 『임하필기(林下筆記)』에는 특이한

복숭아에 관한 이야기가 실려 있다. 옛날의 필기(筆記: 수필식 기록)에 울릉도(鬱陵島)의 복숭아가 박처럼 크다고 쓰여 있으나 믿지 않았는데, 어느 옥당(玉堂: 홍문관 관원)이 "삼척부(三陟府)에 갔다가 복숭아 하나를 보았는데, 이는 장마에 떠내려온 것을 주운 것이었소. 그 절반은 벌레가 파 먹었는데도 크기가 오히려 사발만큼이나 되었소."라고 말했다는 것이다. 이와 유사한 이야기가 『문헌비고(文獻備考)』*에도 실려 있는데, "복숭아씨가 큰 것은 술잔이나 되를 만들 수 있을 정도의 크기다."라는 내용으로 보아 울릉도 복숭아의 크기를 상상할 수 있다. 『임하필기』에는 또 꼭지가 마주붙은 특이한 복숭아를 언급한 오음(梧陰) 윤두수(尹斗壽)의 척독(尺牘: 짧은 편지)이 소개되어 있다.

윤기의 『무명자집』에는 화려한 꽃을 뽐내는 복숭아와 살구, 보잘것없는 가죽나무를 통해 서로 다른 두 부류의 인생을 재미나게 비유한 시가 실려 있다. 정원 안에 심어진 복숭아나무와 살구나무는 부귀한 경화갑족(京華甲族)의 자제를 의미하고, 정원 밖에 사는 가죽나무는 출신이 한미한 사람을 가리킨다. 부귀한 집안의 자제는 좋은 재목이면 도끼로 베어지는 환란을 당하고 그러지 않더라도 복숭아나무처럼 결국 횡액을 당할 수밖에 없지만, 그에 비해 권력의 담장에서 배제된 한미한 가문의 사람은 자신의 천성

---

* 정조 6년(1782)에 이만운(李萬運)이 왕명으로 보편했다. 원래는 영조 46년(1770년)에 홍봉한(洪鳳漢) 등이 왕명으로 편찬한 것이다.

제2장 | 복숭아

대로 즐거움을 누리며 천수를 다할 수 있다고 노래한 시다. 자신은 담장 밖의 사람이므로 겉보기만 화려할 뿐 끊임없이 시달리는 복숭아나무보다는 가죽나무처럼 천성대로 살겠다는 뜻이 담겨 있다.

정원 안엔 복숭아나무	園中有桃杏
정원 밖엔 가죽나무	園外有樗櫟
복숭아나무는 사랑받지만	桃杏足愛憐
가죽나무는 찬밥 신세	樗櫟本疎逖
복숭아나무는 애지중지 가꾸지만	栽護費人力
가죽나무는 울퉁불퉁 천성대로 사네	擁腫乃天錫
정원 안은 몹시 번잡하지만	園中極鬧熱
정원 밖은 사뭇 적막하네	園外殊寥闃
이러한 부귀하신 용모로써	以此富貴容
늘 적적한 가죽나무 비웃네	笑彼長寂寂*

윤기의 『무명자집』에는 〈반도해학도(蟠桃海鶴圖)〉에 대한 화제(畵題)가 실려 있다.

이 복숭아나무는 삼천 년에 한 번 열매 맺는데, 남쪽 창가의 저 아이

---

*『무명자집(無名子集)』 시고 3책 시(詩)「정원에 복숭아나무[園中有桃杏]」.

그림 2-3 해학반도도 병풍

는 몇 번을 몰래 따 먹었을까? 학은 곁에 있었으니 실상을 알리라.

[此桃三千年一結子. 不知被南牖小兒幾番偸喫. 鶴應在傍知狀]*

위에서 언급한 내용은 진(晉)나라 장화(張華)가 지은 『박물지(博物志)』의 내용과 관련 있다. 한무제(漢武帝)가 서왕모(西王母)가 준 복숭아를 먹고는 그 씨를 심으려고 하자, 서왕모가 웃으면서 "그 복숭아는 삼천 년에 한 번 열매를 맺는다[此桃三千年一生實]."고 말했다고 한다. 송나라 이방(李昉) 등이 편찬한 『태평광기(太平廣記)』에도 반도(蟠桃)는 서왕모가 심은 복숭아로, 삼천 년에 한 번

---

* 『무명자집(無名子集)』 문고 1책 「반도해학도(蟠桃海鶴圖)」.

제2장 | 복숭아

그림 2-4 청자도형필세(靑磁桃形筆洗).
필세는 붓을 빠는 용기다.

꽃이 피고 열매를 맺으며 이를 먹으면 불로장생한다는 내용이 나온다.

제사(題詞)의 내용으로 보아 이 그림은 오래되어 옹이가 지고 구불구불한 복숭아나무에 열린 선도(仙桃)를 남쪽 창가의 사내아이가 쳐다보고 있고 그 곁에 학이 서 있는 모습을 그린 것이다. 이는 불로장생(不老長生)을 기원하는 민화(民畵) '해학반도도(海鶴蟠桃圖)'의 일종이다.

보기도 좋고 약으로도 쓰는 복숭아

복숭아는 중국어로 타오[桃]다. 복숭아는 중국이 원산지인 식물로, 4,000년 이상의 재배 역사를 가지고 있다. 중국 허베이[河北], 산둥[山東], 장쑤[江蘇], 저장[浙江] 및 기타 지역에서 재배된다. 복숭아는 빛을 좋아하고 그늘에 강하지 않으며 온화한 기후에 적합하며 추위와 가뭄에 강하며 침수에 약하다. 토심이 깊고 부식질이 풍부하며 배수가 잘되고 토양이 딱딱하지 않고 비옥하며 수분과 비료를 유지하는 능력이 좋은 토양에서 재배하기에 적합하다. 주로 햇빛이 잘 드는 양지 또는 반양지 경사지에서 잘 자란다. 복숭아는 주로 파종과 접목으로 번식시킨다.

복숭아는 조경에 이상적인 나무다. 강가와 개울가에 버드나무와 함께 심어 붉은 복숭아꽃과 푸른 버드나무 잎을 조화시켜 아름다운 봄날의 정경을 연출할 수 있다. 따라서 길가나 주거 단지 그리고 공원 및 광장 등 조경에 널리 사용된다. 또한 복숭아는 약용 가치도 있다. 건조하고 성숙한 종자를 약재로 사용하는데, '타오런[桃仁: 복숭아씨의 알맹이]'이라고 한다. 쓴맛과 단맛이 나고, 혈액 순환을 돕고 어혈을 제거하며, 장을 촉촉하게 하고 기침을 멎게 하여 천식을 완화하는 효과가 있지만, 임산부는 주의해서 복용해야 한다.

중국에서의 복숭아 상징

중국 전통 문화에서 복숭아는 여러 가지 의미를 지닌 상징 체계다. 복숭아는 여성의 아름다움을 비유하는 데 사용되며, 『시경』 「국풍(國風)·주남(周南)」에는 "예쁜 복사나무여 곱고 고운 그 꽃이로다[桃之夭夭. 灼灼其華]."라는 예가 사용되고 있다. 주로 중국에서 여성에게 써주는 시로, 결혼을 축하하는 의미다. 시집가는 아가씨를 복숭아나무의 꽃에 비유하고 있다. 또한 중국인의 문화 관념에서 복숭아는 토템 숭배와 다산 숭배의 원시적 신념과 출산, 길상(吉祥), 장수(長壽)의 민속적 상징을 담고 있다. 복숭아꽃은 봄, 사랑, 아름다움, 이상 세계를 상징하고, 나뭇가지는 악귀를 쫓

그림 2-5 〈도화원도(桃花源圖)〉

고 행운을 구하는 데 사용되었는데, 이는 민간 주술 신앙의 정령 숭배 개념에서 유래됐다.

또한 중국어 복숭아 타오[桃]는 소국과민(小國寡民) 사상*과도 관련이 있는데, 중국 진대(晉代) 시인 도연명(陶淵明)이 무릉도원 (武陵桃源)에 관한 내용을 담아 지은 글인 「도화원기(桃花源記)」에서 유래했다. 동진(東晉)의 효무제(재위 376~396) 때 무릉(武陵)에 사는 한 어부가 배를 타고 가다가 복숭아꽃이 아름답게 핀 도화림(桃花林) 속에서 길을 잃었다. 그는 우연히 진(秦)나라의 전란을 피해 온 사람들이 모여 사는 곳에 방문하게 되고, 그곳에서 극진한 대접을 받고 돌아왔다. 그곳의 이야기에 관해서는 말하지 말라는 당부를 받았지만 그 당부를 어기고 돌아오는 길에 표시를 해두었는데, 다시 찾을 수 없었다는 이야기다.

도연명의 이 글은 노자의 소국과민 사상을 그린 것으로, 전란

---

* 소국과민은 노자의 이상 사회로, 작은 땅에 적은 백성이 모여 사는 소박한 사회로 무위(無爲)와 무욕(無慾)이 실현된 사회다. 도가를 대표하는 노자는 큰 나라보다 나라가 작고 백성이 적은 소국과민을 이상적으로 생각했다.

에 시달리던 백성들에게 전쟁과 굶주림, 군주의 가혹한 통치가 없는 전원적이고 소박한 삶의 이상향(理想鄕)을 보여주는 글로 유명하다. 중국에서는 인간이 생각할 수 있는 최선의 상태를 갖춘 완전한 사회인 이상향을 복숭아꽃이 만발한 숲으로 그려냈다. 복숭아꽃에 대한 중국인들의 애정을 엿볼 수 있다.

중국에서 이상향이라고 하는 것을 서양에서는 유토피아(utopia)로 일컫는다. 이러한 유토피아 사상은 후세에 문학 및 예술에 큰 영향을 주었는데, 명나라 송욱(宋旭)이 그린 〈도화원도(桃花源圖)〉에 잘 나타난다. 어부가 도화림(桃花林)에 내려 이상향을 찾아가는 과정을 그렸다.

중국어 복숭아 타오[桃]의 자형 변화와 관련 용어

타오[桃]의 자형은 〈그림 2-6〉과 같이 변해왔다. 『설문해자』를 보면 "果也. 從木兆聲."이라고 나온다. "과일이다. 木를 따르고 兆가 소리다."라고 풀이할 수 있다. 해서(楷書)에 이르러 현재의 桃 자로 정착했다.

갑골문	금문	초계간백	설문해자	진계간독	해서
-	-	椆	桃	桃	桃

그림 2-6 桃 자형 변천

타오[桃]가 들어간 어휘 중에 '타오화윈[桃花運]'이 있다. '타오화[桃花]'는 복숭아꽃을 의미하며, 아름다운 여자를 나타내는 비유적 표현이다. '윈[運]'은 운수, 운을 뜻한다. '아름다운 여자 운'으로 풀이되는 '타오화윈[桃花運]'은 의미가 확장되어 연애운을 의미하게 됐다. 관련된 예로, "주 니 진녠 타오화윈, 차이윈, 슬예윈 더우 바오펑[祝你今年桃花運. 財運. 事業運都爆棚]!"이 있는데, '올해 연애운, 재물운, 사업운 모두 가득하시길 바랍니다!'라는 뜻이다.

투도보리(投桃報李)는 『시경』 「대아(大雅)·억(抑)」 편에 나오는 "投我以桃報之以李"를 간단히 줄인 것으로, '복숭아에 대한 보답(報答)으로 오얏(자두)을 보낸다.'로 풀이할 수 있다. 내가 은덕(恩德)을 베풀면 다른 사람도 이를 본받음을 비유해 이르는 말이다.

일본 최대 라이벌 가문의 이름을 딴 복숭아나무

일본어로 복숭아는 모모(もも, 桃)다. 『일본국어대사전』에 따르면 그 어원에 관해 '마미(まみ, 真実)'에서 유래했다는 설, 열매의 색이 붉기에 '모에미(もえみ, 燃実)'에서 유래했다는 설, 털이 있기에 '모모(もも, 毛々)'에서 유래했다는 설 등 다양한 추측이 있다.

한국, 중국과 마찬가지로 일본에도 예로부터 복숭아가 사악한 기운을 쫓는다는 벽사(辟邪)로서의 상징이 존재했다. 일본 고대 문헌인 『고지키[古事記]』(712)와 『니혼쇼키[日本書紀]』(720)에 공통적으로 등장하는 일화 중에는, 일본 신화 속 창조신 중 남신인 이

자나기[伊邪那伎, 『니혼쇼키』에는 伊弉諾로 표기됨]가 저승 세계인 요미노쿠니[黃泉国]에서 악신들로부터 도망치다가 요모쓰히라사카[黃泉比良坂: 이승과 저승의 경계] 언덕에 있던 복숭아나무에서 복숭아를 따서 악신들에게 던지자 악신들이 물러났다는 이야기가 전해진다.

또 다른 이야기에는 일본 전설 속 주인공 중 가장 유명한 모모타로[桃太郎]가 등장한다. 다로[太郎]는 남자 이름에 붙이는 말로, 모모타로는 말 그대로 '복숭아 동자'로 종종 번역된다. 전국 각지에 존재하는 전설로, 그 내용은 다양하게 전개되었지만 기본적인 서사는 아이가 없던 노부부가 우연히 복숭아를 얻게 되고 거기에서 태어난 모모타로가 귀신을 퇴치한다는 것이다. 모모타로 전설은 지역마다 다양한 만큼 성립 연대를 정확히 밝히기는 쉽지 않다. 대략 원형의 발상은 무로마치시대[室町時代, 1336~1573] 말기로 보는데, 복숭아가 귀신을 쫓는다는 이미지가 적어도 16세기 일본 사람들 사이에 정착되었던 것으로 볼 수 있다.

복사꽃의 색 모모이로[桃色] 하면 담홍색 등 여러 색상을 떠올릴 수 있지만 일반적으로 핑크색을 연상한다. 일본 사립대학인 모모야마가쿠인대학[桃山学院大学]은 교명에 桃가 들어 있어 별칭 '핀다이[ピン大: 핑크대학의 약어]'로 불린다. 한편 모모이로[桃色]의 사전상 의미 중에는 '남녀의 불순한 교제'도 있다. 우리에게도 익숙한 '도색잡지(桃色雜誌)' '도색영화(桃色映畵)'와 같은 맥락이다. 일본에서 과거 자주 쓰였던 말 중에 모모이로유기[桃色遊戲]라는

그림 2-7 홍백색의 꽃이 함께 피는 겐페이모모[源平桃]

표현이 있다. 신문 기사 제목에 "중학생, 학교에서 桃色遊戱"등과 같이 사용되었는데, 불순한 이성교제, 특히 어린 남녀의 성적 행위를 가리키는 말이다.

복숭아나무는 다양한 품종을 자랑한다. 일본에서 열매를 먹기 위해 복숭아나무를 재배하기 시작한 것은 근대 이후로, 역사가 그리 오래되지 않았다. 그 이전에는 하나모모[花桃]라 하여 정원수나 꽃꽂이용으로 재배된 관상용 품종이 주를 이루었다. 무사들 사이에 원예가 인기 있는 취미 활동이었던 에도시대 후기만 하더라도 200여 종의 하나모모 개량 품종이 있었다고 한다. 그중 유명한 품종이 겐페이모모[源平桃]다.

겐페이[源平]라고 하면, 중세 일본의 주도권을 놓고 내전을 벌인 두 라이벌 가문인 미나모토[源] 가문과 다이라[平] 가문을 가리킨다. 전쟁을 벌일 때 미나모토 가문은 흰색 깃발을, 다이라 가문은 붉은색 깃발을 들었다. 하나의 나무 안에서 붉은색과 흰색의 꽃들이 서로 경쟁하듯 피어 있다고 하여, 두 가문을 뜻하는 두 글자를 붙여 '겐페이모모'라는 이름이 붙여졌다. 참고로, 한국의 경우 운동회에서 청군과 백군의 구도인 반면 일본은 홍백전(紅白戰)이라 칭하는데, 이 역시 두 가문의 라이벌 구도에서 유래했다.

한편, 복숭아 열매를 떠올릴 때 하트 모양을 생각하는 사람이 많을 것이다. 일본어에는 복숭아 열매 모양과 관련된 관용구가 다수 존재한다. 메이지시대 젊은 여성들에게 유행했던 머리 스타일 중에 '모모와레[桃割れ]'라고 불리던 것이 있었다. 머리채를 좌우로 고리처럼 갈라 붙이고 부풀린 모양으로, 흡사 복숭아 열매를 두 개로 갈라놓은 모양과 같다고 하여 통상적으로 부르던 명칭이다.

또 봉긋 솟은 엉덩이 모양에 빗댄 '모모오이도데 키이테이루[桃おいどで 聞いている]'라는 표현이 있다. 직역하면 '복숭아 엉덩이를 하고 (이야기를) 듣고 있다.'가 된다. '모모오이도[桃おいど: 복숭아 엉덩이]' 대신에 '모모지리[桃尻]'라고도 한다. 완전히 바닥에 엉덩이를 붙이지 않은 채 머뭇거리면서 사람의 이야기를 듣는 모습을 가리킨다.

복숭아는 페르시아의 사과인가?

복숭아는 영어로 피치(peach)다. 복숭아의 원산지는 중국인데, 1세기경에 로마인들이 페르시아와의 정복 전쟁과 무역 교류 중에 복숭아를 알게 되어, 이 과일을 유럽으로 도입한 것으로 알려져 있다.

유럽 도입 초기에는 복숭아가 지중해 지역, 특히 그리스와 이탈리아에서 재배되었다. 특히 그리스인들은 복숭아나무를 재배하고 그 꽃을 감상하는 데 큰 관심을 가지고 있었다. 디오스코리데스(Dioscorides)는 1세기경 그리스의 유명한 의사이자 식물학자로, 그의 저작인 『본초학(De Materia Medica)』에서 복숭아의 특성과 약으로서의 이용법에 관해 설명하고, 그것이 갖는 다양한 효과와 치료 특성을 언급함으로써 이 과일에 관한 지식을 전파하는 데 영향을 끼쳤다. 지중해 지역에서 복숭아의 재배와 인기는 서서히 프랑스, 스페인, 영국을 포함한 유럽의 다른 지역으로 퍼졌다.

peach라는 영어 단어의 어원은 중세 영어 단어 peche 또는 peeche에서 유래되었다. 이 단어는 중세 초기 프랑스어 pesche에서 파생된 것이며, pesche는 중세 라틴어 persica에서 온 것이다. 라틴어 persica는 고대 라틴어 malum Persicum에서 비롯되었는데, 이는 '페르시아 사과'를 의미한다. 페르시아와의 연관성은 peach가 원래 페르시아에서 지중해 지역으로 소개되었다는 오래된 오해에 기반한다. 그러나 복숭아의 기원은 중국으로 추정된다.

16세기 식물학자이자 약초학자인 존 제러드(John Gerard, 1545~1612)는 매우 유명하고 영향력 있는 약초서인 『약초학[The Herball, or GenerallHistorie of Plantes]』으로 잘 알려져 있다. 1597년에 처음 출판된 이 책은 엘리자베스 시대의 식물과 의학에 관한 지식과 신념에 대한 통찰을 제공하며, 역사가, 식물학자, 의학 및 식물학 역사에 관심 있는 사람들에게 소중한 자원이 되고 있다. 제러드는 당시 그가 파악한 맛있는 복숭아의 품종을 나열했다. 넛메그 피치(Nutmeg Peaches), 퀸스 피치(the Queenes Peach), 뉴링턴 피치(the Newlington Peach), 그랜드 카네이션 피치(the grand Carnation Peach), 카네이션 피치(the Carnation Peach), 블랙 피치(the Blacke Peach), 멜로코톤(the Melocotone), 화이트 피치[the White], 로마네 피치[the Romane], 알베르자 피치[the Alberza], 아일랜드 피치[the Island Peach], 그리고 피치 뒤 트로이(Peach du Troy)다. 이 모든 품종을 제러드는 맛있는 품종으로 칭찬한 것이다. 이 품종들은 오늘날의 복숭아 품종과 다를 수 있다. 하지만 제러드가 기술한 복숭아 품종을 통해 16세기 후반 이미 영국에 여러 종류의 복숭아가 재배되었다는 것을 알 수 있다.

기원후 유럽에 도입된 복숭아는 당연히 그리스 신화와 기독교 성경에서 언급되지 않는다. 현대 영어에서 peach는 '복숭아'뿐 아니라 '아주 멋진 것'을 의미한다. 그래서 복숭아가 포함된 관용어법은 주로 긍정적인 의미를 가진다. 한 예로, 'as juicy as a peach[복숭아처럼 즙이 흘러 넘치는]'는 매우 매력적이고 매혹적인 사람이나

그림 2-8 농익은 복숭아
© 조성덕

물건을 묘사하는 데 사용된다. 'a peach of a person[맛있는 복숭아 사람]'은 특히 친절하고 쾌활하며 매력적인 사람을 묘사하는 데 사용된다. 복숭아가 달콤하고 맛있는 과일로 알려져 있기에 '복숭아 같은 사람'이라는 말은 긍정적은 의미다. 마찬가지로 'To be in peachy condition[복숭아처럼 좋은 상태에 있다.]'은 상태가 훌륭하거나 아주 좋은 상태에 있는 것을 의미한다. 복숭아가 품질의 양호함을 상징하므로, 모든 것이 원활하게 진행되거나 완벽한 상태에 있다는 것을 나타낸다.

문학에서 복숭아는 또한 성감각과 관련되어 시에서 소설까지 다양한 장르의 작품에서 인생의 아름다움, 유혹, 관능적인 쾌락의 상징으로 사용되었다. 이런 부분이 두드러진 영화가 〈콜 미 바이 유어 네임(Call Me by Your Name)〉(2017)이다. 이 영화는 루카 구아다니노 감독의 연출작으로, 열망, 성적 정체성, 인간 감정의 복잡성을 탐구한다. 영화에서 복숭아가 등장하는 장면이 기억에 남을 만하다. 이 장면에서 주인공 엘리오(티모시 샬라메 분)는 침실에 혼자 있을 때 익은 복숭아를 감각적으로 탐색하며 복숭아의 질감, 향기, 맛을 실험적으로 경험한다. 이는 엘리오가 욕망을 발견하고 성적 정체성을 탐구하는 개인적이고 감각적인 여정을 묘사한다. 또한, 이 장면에서의 복숭아는 사랑과 욕망의 덧없음을 상징한다. 맛있는 복숭아를 즐길 수 있는 순간이 매우 짧듯이, 엘리오가 올리버에게 느끼는 강렬한 매력과 욕망도 잠깐 동안의 것이라는 점을 통해, 영화는 사라져가는 열정과 일시적인 관계의 아쉬움을 달콤하면서도 애절하게 그려낸다.

중국에서 기원한 복숭아는 유럽으로 도입되어 중세 영어와 현대 영어에서 다양한 어휘적 연결과 의미를 갖게 되었다. 이러한 상징성은 문학과 예술에서 여전히 중요한 주제로 다루어지고 있음을 이 영화를 통해 알 수 있다.

제3장

아시아에서 가장 중요한 식물 · 벼

벼와 쌀을 이르는 다양한 이름들

남아메리카에서 나온 화석을 통해 벼목[*Poales*] 식물이 백악기 초기인 1억 1,500만 년 전부터 있었음을 알 수 있다. 그러나 인류가 벼를 재배하기 시작한 것은 약 1만 년 전부터라고 알려져 있다. 한국에서 주로 먹는 자포니카(Japonica)종은 중국 양쯔강 유역에서 기원전 8000년에 재배했던 흔적이 발견되었다. 기원전 5500년 무렵에는 인디카(Indica)종이 분화되어 기원전 4000년 즈음에 동남아시아 일대로 전파되었다. 이후 아랍인들이 중세 초 이베리아 반도와 시칠리아에 중동의 개량종을 전래했다. 한반도에서는 삼한시대에 이미 벼의 재배가 정착되었을 것으로 추정되는데, 『삼국지(三國志)』「위서(魏書) 동이전(東夷傳)」변진(弁辰) 조의 "오곡과 벼를 가꾸기에 알맞다[宜種五穀及稻]."라는 기록과 경상남도 김해읍 회현리 조개무지에서 탄화미가 출토된 것이 그를 뒷받침한다.[1] 한치윤의 『해동역사』26권 「물산지(物産志) 1」'곡류(穀類)'에는 "서긍의 『고려도경』에 '고려는 쌀 가운데 메벼[秔]는 있으나 찰벼[稬]

는 없으며, 쌀알이 매우 크고 맛이 달다.'라고 하였다."고 나온다.

쌀이 오래전부터 우리 민족의 주식이었던 만큼, 쌀과 벼의 상태에 따라, 또한 도정 정도에 따라 다양한 이름으로 불렸다. 먼저, 한해살이풀의 이름은 '벼'다. 이 벼에 열리는 열매의 껍질을 벗기기 전의 상태를 '나록(羅祿)' 혹은 '나락'이라고 하며, 나락의 껍질을 벗긴 것이 '쌀'이다. 이 중 겉껍질인 왕겨만 도정하고 속껍질인 쌀겨는 도정하지 않아 푸른색이 나는 쌀을 현미(玄米)라고 한다. 본초명으로는 갱미(粳米, 秔米), 곡아(穀芽), 도(稻), 도얼(稻蘖), 재생도(再生稻) 등이 있다.

벼 열매의 구조는 왕겨, 과피, 종피, 호분층, 배유 및 배아로 되어 있다. 쌀도 몇 가지 기준에 의해 구분된다. 아밀로오스의 함량 차이로 밥을 지었을 때 점성이 다르게 나타나는데, 점도가 낮은 멥쌀과 점도가 높은 찹쌀이 있고, 도정률에 따라 현미(玄米, 조미 糙米), 갱미(粳米: 배아미), 5분도미, 7분도미, 9분도미, 백미로 구분하며, 쌀의 색에 따라 현미[녹미綠米], 백미, 흑미, 적미 등이 있다.

벼의 이칭은 크게 나락 계열인 나락, 나랙, 나룩, 나록, 나륵, 노락이 있고, 벼 계열인 베, 뵈, 비, 베레기, 우끼, 나달, 날기 등이 있다. 우리말샘에는 벼가 포함된 속담이 5건, 쌀이 포함된 속담이 40건 보인다.[2] 우리에게 가장 익숙한 속담으로 '벼는 익을수록 고개를 숙인다.' '귀신 씨나락 까먹다.'가 있다. 다음은 벼와 쌀이 소재가 된 속담들이다.

벼가 포함된 속담

- 잘 익은 벼 이삭일수록 더 깊이 내리 숙인다.

  (교양이 있고 수양을 쌓은 사람일수록 겸손하고 남 앞에서 자기를 내세우려 하지 않는다는 것을 비유적으로 이르는 말.)

- 일 년 시집살이 못 하는 사람 없고 벼 한 섬 못 베는 사람 없다.

  (시집살이가 고되고 어렵다 하나 그 시일이 짧으면 그다지 힘들 것도 없음을 이르는 말.)

- 딸을 주겠거든 유월에 벼 누런 집에 주라.

  (유월에 벼가 누런 집에 시집을 가야 굶지 않고 잘살 수 있다는 말.)

쌀이 포함된 속담

- 떡도 떡같이 못 해 먹고 찹쌀 한 섬만 다 없어졌다.

  (애써 한 일에 알맞은 효과나 이익도 보지 못하고 많은 비용만 허비했음을 비유하는 말.)

- 밥을 굶어도 조밥을 굶지 말고 흰 쌀밥을 굶으라.

  (같은 값이면 통 크게 마음을 먹고 잘될 생각을 해야 한다는 말.)

- 배고픈 놈이 흰 쌀밥 조밥 가리랴.

  (사정이 급할 때는 좋고 나쁜 것을 가리지 않고 덤벼들게 됨을 비유적으로 이르는 말.)

- 섣달그믐께 흰 쌀떡 치는 소리.

  (관청에 잡혀가서 무참히 볼기를 맞는 소리를 떡 치는 소리에 비유하여 이르는 말.)

- 세 끼 굶으면 쌀 가지고 오는 놈 있다.

  (사람이 양식이 떨어져 굶어 죽게 되면 도와주는 사람이 생기게 마련이라
  는 뜻으로, 아무리 어렵게 지내더라도 여간하여서는 굶어 죽지는 않음을
  비유적으로 이르는 말.)

- 쌀 한 알 보고 뜨물 한 동이 마신다.

  (작은 이익을 위하여 노력이나 경비가 지나치게 많이 드는 것을 비유적으
  로 이르는 말.)

- 쌀독에서 인심 난다.

  (자신이 넉넉해야 다른 사람도 도울 수 있음을 비유적으로 이르는 말.)

- 쥐 잡으려다가 쌀독 깬다.

  (작은 이익이나마 얻으려고 한 일 때문에 도리어 큰 손실을 입게 되었음을
  비유적으로 이르는 말.)

    우리 민족에게 '쌀'은 단순하게 곡물의 한 종류가 아닌 음식 자
체였다. 가장 흔한 예로 "쌀밥에 고깃국"이라는 말을 들 수 있다.
왕이나 위정자가 흉년에는 "쌀밥을 마음 편히 먹을 수 있겠는가?"
라는 말을 상투적으로 하는 것에서도 그 의미를 알 수 있다. 또한
쌀의 별칭이 '옥식(玉食)'인 것만 보아도 민중에게 쌀이 어떤 의미
였는지를 생각할 수 있다. 그렇기 때문에 쌀밥을 가리키는 도미반
(稻米飯), 도반(稻飯)을 '미반(美飯)'이라고도 불렀다. 찹쌀은 찰벼
에서 나온 쌀이라는 의미의 나미(糯米) 혹은 끈기가 있는 쌀이라
는 의미의 점미(粘米)로 불린다. 찹쌀밥은 나미반(糯米飯), 나반(糯

그림 3-1 녹색의 논
© 조성덕

飯), 점반(粘飯)이다. 한치윤은 『해동역사』에 청(淸)나라 장영(張英)의 『반유십이합설(飯有十二合說)』을 인용해 "조선 사람들은 밥을 잘 짓는다."*라고 썼다.

쌀은 오곡 중에서 가장 귀한 존재로 대접받았으며, 벼를 도정한 알갱이만이 아니라 곡식의 대명사로 쓰이게 되었다. 대표적인 예로, 보리쌀, 좁쌀, 기장쌀, 옥수수쌀, 율무쌀, 귀리쌀, 메밀쌀 등 어지간한 곡물은 거의 '쌀'을 붙여서 부르는 것을 들 수 있다. 일제강점기 어느 산골에서 일본에게 쌀을 수탈당한 농부가 산에서 농사지은 하얀 옥수수 알갱이를 맷돌에 거칠게 갈아 소쿠리에 담아놓았는

---

* 『해동역사(海東繹史)』 권26 「물산지(物産志) 1」 '곡류(穀類)'.

데 마침 집에 놀러온 이웃 사람이 보고 저 집에서 쌀밥을 먹었다고 신고하여 순사가 찾아왔다는 슬픈 이야기를 들은 적이 있다.

우리는 쌀로 만든 다양한 음식을 먹고 있다. 물을 넣고 끓여서 짓는 밥을 기본으로 해서 미음과 죽, 반죽해서 가늘게 뽑는 쌀국수, 쌀가루를 찐 떡, 밥을 누른 누룽지, 누룽지에 채소와 해산물 등을 넣은 누룽지탕, 밥에 다양한 채소 등을 넣고 비벼 먹는 비빔밥, 여러 재료를 넣고 김에 말아 먹는 김밥 등이 있으며, 쌀을 튀긴 쌀튀밥, 뻥튀기, 쌀떡을 말린 후 기름에 튀긴 유과, 쌀을 튀긴 후 싸라기 등을 꿀이나 조청에 묻힌 산자, 쌀튀밥을 다양한 곡류와 조청에 버무려 굳힌 쌀강정이 있으며, 밥을 발효시킨 막걸리, 쌀식초, 식혜 등이 있다. 북송(北宋)의 사신 서긍의 고려 방문 보고서인 『고려도경』에는 "고려에는 찹쌀은 없고 멥쌀에 누룩을 섞어서 술을 만드는데, 빛깔이 짙고 맛이 독해 쉽게 취하고 속히 깬다. 고려 사람들은 술을 좋아하지만 좋은 술은 얻기가 어려워 서민의 집에서 마시는 것은 맛은 싱겁고 빛깔은 진한데, 아무렇지도 않은 듯이 마시고 다들 맛있게 여긴다[國無秫米. 而以秔. 合麴而成. 酒色重味烈. 易醉而速醒. 王之所飮曰良醞. 左庫淸法酒. 亦有二品. 貯以瓦尊. 而以黃絹封之. 大抵麗人嗜酒. 而難得佳釀. 民庶之家所飮. 味薄而色濃. 飮歡自如. 咸以爲美也]."라고 쓰여 있다.*

우리나라는 예전부터 볍씨와 쌀을 보관하기 위해 여러 가지 도

---

* 『고려도경(高麗圖經)』 권32 「기명(器皿) 3」 '와존(瓦尊)'.

그림 3-2 쌀을 보관하는 뒤주

구를 사용했다. 예전에는 쌀을 보관하기 위해 집집마다 대청 등에 나무로 만든 뒤주를 놓고 사용했다. 시대가 바뀌면서 공장에서 만든 플라스틱 쌀통을 사용하게 되어 지금은 찾아보기 힘든 물건이 되었다. 가슴 아픈 사도세자의 이야기에도 바로 이 뒤주가 등장한다. 지금은 사라졌지만 1970년대까지만 해도 시골의 농가에는 집 한쪽에 벼광을 짓고 여러 개의 나무 판자로 문을 만들어 벼의 낟알을 보관했다. 그 판자에는 숫자로 순서를 표시해 보관한 벼의 높이도 알 수 있었다.

산업발전이 한창이던 시기에는 통일벼를 개발하는 등 미곡 증산을 위해 많은 노력을 기울였다. 50원짜리 동전 뒷면의 벼 문양을 통해 당시 쌀을 증산하려던 노력을 엿볼 수 있다.

하얀 쌀밥과 고깃국, 이밥에 고깃국은 맛있는 식사의 표현이면서 먹고살 만한 집을 뜻하는 대표적인 표현으로 사용되었다. 요즘 젊은이들이 말하는 '햇반에 스팸'과는 성격이 좀 다르지만 표현상으로만 볼 때는 얼추 비슷할 듯하다. 조선시대에는 이와 유사한 표현으로 쌀밥에 생선국이라는 표현이 자주 등장한다. 아래에서는 우리나라 문집에서 쌀과 관련된 내용을 몇 가지 주제로 살펴보

그림 3-3 벼가 그려진 50원 동전

왔다. 쌀밥에 대한 열망을 노래한 시와, 그것 때문에 더 고통스러 웠던 백성들의 이야기도 살펴보기로 한다.

쌀을 훔친 아버지와 아들

고려시대의 문신 이제현(李齊賢, 1287~1367)은 문집 『익재집(益 齋集)』의 「역옹패설(櫟翁稗說)」에서 쌀밥이 손님을 대접하는 기본 적인 음식이라고 말한다.* 손님을 대접할 때 특별한 음식보다는 쌀밥에 생선국이면 충분하다는 것이다. 이 내용을 다른 쪽으로 해석해보면, 당시에도 쌀이 아주 귀하지 않았으며 이제현이 명성 에 비해 소탈한 성품이었다는 것을 엿볼 수 있다. 정도전(鄭道傳, 1342~1398)의 『삼봉집(三峯集)』에도 친구인 척약재(惕若齋) 김구 용(金九容)의 집에 머물 때 흰 쌀밥과 이웃에서 보내준 생선 반찬

---

* 『익재집(益齋集)』, 전집(前集)2 「역옹패설(櫟翁稗說)」.

제3장 | 벼

을 차려준 친구와 술잔을 기울인 것에 대한 고마움을 표현한 시가 있다.

잔에는 금빛 같은 노란 술인데	杯酌黃金嫩
소반엔 정히 찧은 흰 쌀밥일레	盤餐白粲精
이웃에서 좋은 생선 보내를 오니	嘉魚鄰舍惠
손 반기는 주인의 온정이로세	好客主人情*

권필(權韠, 1569~1612)의 『석주집(石洲集)』에는 광흥창(廣興倉)** 옆에 사는 백성이 매일 창고의 쌀을 훔쳐서 생활했다는 재미난 이야기가 실려 있다.

태창(太倉) 곁에 집을 두고 사는 백성이 있었는데 장사를 하지도 않고 농사를 짓지도 않으면서 저녁마다 밖에 나갔다 밤에 돌아오면 반드시 다섯 되의 쌀을 가지고 오는 것이었다. 그 쌀을 어디서 얻었느냐고 물으면 말해주지 않아 그 처자식들도 알지 못하였다. 이렇게 한 지 수십 년이 되도록 하얀 쌀밥을 먹을 수 있고 화려한 옷을 입을 수 있었으나 그

---

* 『삼봉집(三峯集)』, 권2 오언율시(五言律詩) 「약재의 집에 거처하다[若齋旅寓]」.
** 관리들의 급여에 관한 일을 맡았던 관청이다. 고려시대 1308년(충렬왕 34)에 처음 설치되었고, 조선시대에는 1392년(태조 1) 호조의 예속 관아로 설치되어 1896년(고종 33)에 폐지되었다. 조선시대 설치된 광흥창은 현재 서울특별시 마포구 창전동 402번지 일대에 있었다. 현재는 터만 남아 있다.

집을 보면 살림이 텅 비었다.

그 백성이 병들어 죽을 즈음에 은밀히 아들에게 말하기를 "창고 몇 번째 기둥에 구멍이 있는데, 크기가 사람의 손가락만 하여 그 속에 쌓인 쌀이 막혀서 밖으로 나오지 못한다. 너는 손가락 굵기만 한 나무 막대를 가지고 가서 구멍 속을 후벼서 쌀이 흘러나오게 하되 하루에 다섯 되가 되거든 중지하여 욕심껏 취하지 말거라." 하였다.

그 백성이 죽은 뒤 아들이 이어받아 그 일을 하여 옷과 음식이 그 백성이 살아 있을 때와 같았다. 이윽고 그 아들은 구멍이 작아서 쌀을 많이 꺼내지 못하는 것을 아쉬워하여 끌로 파서 구멍을 크게 만들어 하루에 몇 말씩 쌀을 취하였다. 그것도 부족하여 또 끌로 파서 구멍을 더 크게 만드니, 창고를 지키는 관리가 못된 짓을 알아차리고 그 아들을 잡아서 죽였다.*

쌀은 백성의 고혈

쌀은 예나 지금이나 한민족의 주식이었지만, 그렇다고 해서 늘 배불리 먹을 수 있는 것은 아니었다. 쌀은 백성의 고혈을 대표하는 언어이기도 했다. 일 년 내내 농사를 짓지만 결국은 쌀이 다른 곳으로 사라지는 현실을 비통해하며 지은 작품들은 어느 시대에나 있었고 어디에나 존재했다. 고려 중기의 문인 이규보(李奎報,

---

* 『석주집(石洲集)』, 외집 권1 「창맹설(倉氓說)」.

1168~1241)의 『동국이상국집(東國李相國集)』에는 장안의 부호들은 개나 말에게도 쌀밥을 먹이고 종들도 청주를 마음껏 마시는데 막상 농사를 짓는 백성은 국령(國令)으로 먹지 못하게 하는 것이 말이 안 된다고 비판하는 시*가 있다. 그러면서 백성들에게 청주를 마시게 하고 쌀밥을 먹게 하는 것이 바로 농사를 권장하는 방법이라고 말한다. 이규보의 말이 역설적으로 들리나, 결국 농사를 짓는 이유는 내가 배부르게 먹기 위함임을 생각할 때 매우 설득력이 있다. 『동국이상국집』에 이런 실상을 잘 보여주는 또 다른 시도 수록되어 있다.

청주를 마시고 쌀밥을 먹는 것이	淸醪與白飯
농사를 권장하는 바탕이니	所以勸其稼
이들의 입이나 배에 맡길 것이지	口腹任爾爲
무엇 때문에 국금을 내리는가	國禁何由下
의론이 비록 조정에서 나왔다 하여도	議雖出朝廷
망극하신 성은 마땅히 용서하시리	聖恩宜可赦
반복해서 사리를 생각해보니	反覆思其理
놀고먹는 자보다 만 배나 먹어야 하네	萬倍坐食者**

---

* 『동국이상국후집(東國李相國後集)』 권1 고율시(古律詩) 「국령(國令)으로 농민들에게 청주와 쌀밥을 먹지 못하게 한다는 소식을 듣고[聞國令禁農餉淸酒白飯]」.
** 『동국이상국후집(東國李相國後集)』 권1 고율시(古律詩) 「며칠 뒤에 다시 짓다[後數日有作]」.

벼 도(稻) 자형을 통해 살펴보는 고대 중국의 벼

　중국에서 벼는 일찍이 신농(神農) 시기부터 재배되었을 정도로 유구한 역사를 자랑한다. 저장성 허무두[浙江省 河姆渡]에서 출토된 볍씨는 기원전 7000년에 이미 벼가 재배되었다는 증거다. 벼는 하상시대(夏商時代)에 황하 유역의 중·하류에 걸쳐 광범위하게 재배되었다.[3] 한국에서 재배되고 있는 벼는 중국을 거쳐 전래된 것으로 추정되는데, 한국에 들어온 벼는 다시 일본으로 전파된 것으로 보인다.[4]

　稻(벼 도)의 자형의 변천은 금문에서부터 보이나, 한자 자형에 대해 그 기원을 설명하고 있는 기타 문헌 자료에서 稻의 갑골문에 대해 기록하고 있기 때문에 稻가 최초로 만들어질 때 어떤 모양에서 비롯되었는지 알 수 있다. 예를 들면, 『한자자원(漢字字源)』[*] 『신화대자전(新華大字典)』『한자형의연석자전(漢字形義演釋字典)』 등의 문헌에서 稻의 갑골문에 관해 기록하고 있다.[5]

갑골문	금문	초계간백	설문해자	진계간독	해서

그림 3-4 稻 자형의 변천

---

[*] 『한자자원(漢字字源)』은 http://www.guoxuedashi.net/zidian/ziyuan_492.html에서 검색이 가능하다.

먼저, 『한자자원』의 기록이다.

갑골문에서 稻 자의 위는 미[米, 쌀 미] 자이고 아래는 볍쌀을 담는 광주리다. 금문의 稻 자 윗부분에는 깃발이 있는데 바람을 맞으며 벼를 치는 것을 나타내며, 손으로 쌀을 찧는 모양을 하고 있다. 소전(小篆) 이후에 형성자로 바뀌었다.

[甲骨文"稻"字上部是"米"字; 下部是裝稻米的筐形物. 金文上部有旗, 表示迎風打稻; 並有用手舂米狀. 小篆後演變成形聲字.][6]

『신화대자전』에는 稻의 자형 변화에 대해 다음과 같이 서술되어 있다.

稻 dào

甲骨文"稻"字上部是"米"字
(参見"米"字条); 下部是裝稻米
的筐形物. 金文上部有旗, 表示迎
風打稻; 并有用手舂米状. 小篆后
演变成形声字.

그림 3-5 갑골문의 稻

갑골문에는 稻 자가 쌀처럼 그릇에 담겨 있다. 금문에서는 稻 자가 米(쌀 미), 禾(벼 화), 舀(퍼낼 요)로 구성되어, 벼를 절구에 넣어 껍질을 벗기려고 하는 것을 뜻한다. 야오[舀]는 소리를 나타낸다. 소전에서 稻는 형성자인데 禾가 형(形)이고, 舀는 성(聲)이다. 일설에는 稻를 회의자(會意字)라고도 하며 禾(벼 화), 爪(爪, 손톱 조), 臼(절구구)로 구성되어, 절구 옆에서 손으로 벼를 잡고 있는 것을 나타낸다고 본다. 稻는 다오구[稻穀: 도곡, 벼]를 가리킨다. 방언 지역에서는 투[稌, 찰벼 도], 뉘[稬, 찰벼 나]로 부르기도 하는데, 보통 벼의 일종인 징다오[粳稻: 메벼, 찰기가 없는 메진 벼]를 가리킨다. 셴[秈, 메벼 선]은 찰기가 없는 벼를 가리키는데, 그 출현 시기는 이르지만 널리 보급되지 않아서 문헌에 등장하는 시기는 늦다. 징[粳, 메벼 갱]은 찰기가 있는 벼로, 진(秦)나라 이후에 등장한다. 수[秫, 차조 출], 뉘[糯, 찰벼 나]는 점성이 있는 것을 뜻하는 형용사였는데, 점성, 즉 찰기가 많은 쌀을 가리키는 범칭으로 쓰이다가 남송(南宋) 무렵에서야 뉘다오[糯稻]를 합쳐서 뉘[糯]라고 칭하게 되었다.

[在甲骨文中, 稻字像米放在一種盛器中. 在金文中, 稻字由米, 禾, 舀等部分組成, 表示將稻穀放在臼中準備把穀殼去掉的意思, 舀也錄聲. 在小篆中, 稻是形聲字, 禾為形, 舀為聲. 一說稻是會意字, 由禾, 爫(爪) 和臼三部分組成, 表示手持禾在臼旁. 稻指稻穀. 一些方言區曾稱"稌""稬", 一般指粳稻. "秈", 不黏之稻, 雖早有而不普遍, 文獻遲見. "粳", 有黏性之稻, 秦以後見其名. "秫""糯", 是先後錄黏性的形容詞, 可泛稱黏性强的稻米, 大約南宋時才有糯稻並以"糯"稱.][7]

다음은 『한자형의연석자전』의 기록이다.

갑골문에서는 돌절구 모양인데, 돌절구 안의 작은 점은 곡물을 가리킨다. 절구 안에 있는 곡물은 쌀을 나타낸다. 금문에서는 왼쪽이 허[禾, 벼 화]로 바뀌었고, 다오[稻, 벼 도]를 나타낸다. 오른쪽의 윗부분은 벼를 찧는 절굿공이를 잡고 있는 모양이고 아래는 돌절구다. 합쳐서 손으로 절굿공이를 들고 방아를 찧는 것이며, 여전히 다오구[稻穀: 벼]를 나타낸다. 소전에서는 절굿공이가 빠졌다.

[甲骨文像一石臼形, 石臼裏的小點指穀物. 連起來, 穀在臼中, 有舂米意, 用以表示此是稻穀. 金文變成左邊是"禾", 表示稻; 右邊上部是一隻拿著舂米的"杵", 下部是石臼. 合起來, 手拿木杵舂稻, 仍表示稻穀. 小篆省去了木杵.][8]

위 문헌들의 내용을 정리해 갑골문의 稻 자 모양을 살펴보면 다음과 같다.

갑골문에서 稻(벼 도) 자의 아랫부분은 쌀을 담는 돌절구이고, 윗부분의 작은 점은 곡물인 미[米] 자를 가리킨다. 즉, 稻 자는 돌절구에 곡물을 담아 방아를 찧는 모습을 나타낸다. 금문에서는 왼쪽이 禾로 변했고, 稻는 禾, 米, 臽로 구성되어 있다. 오른쪽 위는 방아를 찧는 절굿공이를, 아래는 돌절구를 나타낸다. 즉, 손으로 절굿공이를 잡고 벼를 찧는 모양으로 여전히 稻穀을 나타내며, 절구에 나락을 넣고 껍질을 벗기려고 하는 것을 뜻한다. 『설문해자』에서는 나무 절굿공이가 생략되었는데, 『설문해자』 이후에 형성자로 변해, 禾은 모양을, 臽는 소리를 나타낸다. 稻가 회의자라는 설도 있는데, 禾, 爫(爪), 臼로 구성되어, 절구 옆에서 손으로 벼를 들고 있는 것을 뜻한다. 현재와 같은 稻의 글자체는 예변(隸變)* 이후 해서체에서부터 쓰이기 시작했다.

또한 첨언하자면, 稻 이외에 벼를 나타내는 한자로 禾(벼 화)를 떠올릴 수 있을 것이다. 고대에 허[禾]는 조를 뜻하는 쑤[粟]를 가리켰으나(조를 현대 중국어에서는 샤오미[小米]라고 한다), 현재는 허 먀오[禾苗: 볏모]를 가리킨다. 허[禾]는 稻 자의 설명에서도 그 구성요소로 언급되는 만큼 출현 시기가 이르다.

| 갑골문 | 금문 | 초계간백 | 설문해자 | 진계간독 | 해서 |

그림 3-6 禾 자형의 변천

다오차오런[稻草人]은 허수아비

다오[稻]는 중국의 중요한 식량작물로서, '수이다오[水稻: 논벼]'와 '한다오[旱稻: 밭벼]'**의 두 종류가 있으며, 일반적으로는 수이다오[水稻]를 가리킨다. 다오[稻]는 도정되기 전의 단단한 껍질이 있는 나락의 형태이기 때문에 다오구[稻穀]라고도 한다. 껍질을 벗긴 후의 알맹이가 바로 쌀을 나타내는 다오미[稻米] 또는 다미[大

---

* (앞쪽) 중국 문자에서 소전(『설문해자』의 서체)에서 예서(隷書)로의 변화는 한자 역사에서 상대적으로 크고 중요한 의미를 가지는데, 이를 '예변(隷變)'이라고 한다. 예변은 서체의 구분으로 한자의 역사를 갑골문에서 소전까지의 서체(고문자)와 예서 이후의 서체(금문자)로 구분하는 기준이 된다. 예서는 한대(漢代)에 이르러 공식적인 문자로 사용되었으며, 한자가 기존에 가지고 있던 상형성을 거의 버리고 본격적으로 기호화 단계에 접어든 문자다.

** 한다오는 '가물 한(旱)' 대신 '물 륙(陆)'을 써서 루다오[陸稻]로 불리기도 한다.

제3장 | 벼

米]다. 새나 짐승으로부터 작물을 보호하기 위해 다오차오[稻草: 볏짚, 지푸라기]를 사람 모양으로 만들어서 논이나 밭에 세워놓은 허수아비를 가리켜 다오차오런[稻草人]이라고 한다. 이후 실제 힘이나 능력이 없는 사람을 비꼬아 비유적으로 쓰이기도 하는데 이는 한국어 표현과 같다. 중국 현대 작가인 곽말약(郭沫若)의 『이즈서우[一隻手: 한 손]』에 나오는 다음 예를 보자.

그들이 또 말하는 무슨 하늘, 또 무슨 하느님, 이것들은 돈 있는 사람들이나 지키는 신이고, 이 사람들 집 지키는 개지, 더 정확히 말하면 밭에 있는 허수아비 같은 거야.

[他們還說甚麼天, 還說甚麼上帝, 這只是有錢人的守護神, 有錢人的看家狗, 說更切實些就好像有人的田地裡面的稻草人.]⁹

물에 빠지면, 지푸라기라도 잡아 목숨을 보전하려고 발버둥치는데, 이처럼 생사를 알 수 없는 어려운 처지에서 아둥바둥거리는 것을 가리켜 라오다오차오[撈稻草]라고 한다. 보통 최후의 헛된 몸부림을 비유적으로 일컫는다. 라오다오차오[撈稻草]는 시기를 잘 만나 이익을 볼 때에도 사용되는데, 한국어의 '한밑천 잡다.'와 같은 의미다. 또한 매우 어려운 처지에 있을 때의 생명줄을 가리킬 때 주밍다오차오[救命稻草]라는 성어를 사용한다. 여기서의 주밍[救命]은 救(구원할 구)에 命(목숨 명)이 쓰여 '목숨을 구하다.'라는 뜻으로, 보통 구어체에서 "주밍아[救命啊: 사람 살려]!"라고 구조를 청할 때 자주 쓰인다.

고대 중국에서는 벼[稻]는 시(時)를 알려주는 새인 기러기[雁]와 함께 제사를 지낼 때 쓰였다.* 중국에서 벼는 그만큼 중요하고 신성한 작물이었던 것이다. 껍질을 벗기지 않는 벼나락의 향(香)이 풍긴다고 하는 뜻의 성어 '다오구퍄오샹[稻穀飄香]'은 풍요로운 가을 벼나락의 황금물결을 연상시킨다. 중국의 베이징[北

그림 3-7 도향촌(稻香村)
© 김시현

京]에는 청나라 때부터 생긴 유명한 중국 전통 식품점이 있는데, 바로 '벼 향기 마을'이라는 뜻의 '도향촌(稻香村)'이다. '도향촌(稻香村)'의 중국어 발음은 '다오샹춘'이다.

일본에서 벼는 稻 아닌 稲

일본 고유어로 벼는 이네(いね, 稲)다. 그 어원은 생명과 직결되었다 하여 이키네[生根](『혼초지겐[本朝辞源]』), 이노치노네[命根]

---

* 稻雁: 稻和雁. 雁, 知時之鳥. 古代與稻作為祭薦之物.[10]

제3장 | 벼

(『와쿠게[和句解]』 등)에서 왔다는 설 등 다양하다. 참고로 일본어로 벼를 가리키는 한자 稲는 1949년 구자체인 稻에서 바뀐 신자체(新字體)*로서, 한국에서 사용되는 한자와 차이가 있다. 과거 旧(옛 구)는 臼(절구 구)의 이체자로 사용되었다. 舊의 음부에 臼가 있어 舊(옛 구)의 약어로도 혼용되었다. 稻을 稲로, 兒을 児로 쓰는 등 臼 부분을 旧로 바꿔 쓰는 경우도 나타났다. 旧가 음은 같지만 의미가 전혀 다른 두 개 한자의 약어로 사용되게 된 것인데, 결과적으로 1949년 신자체 채택 시 旧을 舊의 신자체로 채택함과 동시에, 글자 안의 臼 부분을 旧로 대체한 한자 몇 자도 신자체로 채택된 것이다.

한편 벼는 그 익는 속도에 따라 벼 품종을 나눠 와세[早稲: 올벼], 나카테[中稲: 중올벼], 오쿠테[晩稲: 늦벼]로 구분한다. '와세' 하면 제철보다 일찍 여무는 벼다. 와세다[早稲田]는 가장 먼저 모심기나 수확이 이루어지는 밭을 의미하거나 일찍 여무는 품종의 벼 와세[早稲]를 심은 밭을 의미한다. 하야타[早田]라고도 쓴다. 본래는 보통명사였지만 지명 자체가 된 곳도 많아, 전국적으로 논밭이 많은 지역을 중심으로 '와세다'라고 불리는 지명이 다수 존재한다. 일본 도쿄 신주쿠에 위치한 와세다대학[早稲田大学]의 경우도 대학이 소재한 니시와세다[西早稲田]의 지명에서 이름이 유래했다고 전해진다. 이 일대가 간다 강[神田川]에 가까워 논밭이 많았는데,

* 신자체는 일본에서 1949년 일부 한자의 획을 줄이고 공식화한 글자를 가리킨다.

흉작에 대비해 보통 모심기 시기보다 일찍 모심기 하는 밭이 있었던 것에서 유래했다는 설이 있다.

벼의 낱알인 쌀은 일본어로 고메(こめ, 米)다. 상형자인 米는 '八十八'로 분해할 수 있다고 하여, 수확하기까지 88번의 수고가 필요하다는 비유에 종종 활용되는 표현이기도 하다. 또한 八木으로 글자를 분해할 수 있기 때문에 하치보쿠(はちぼく, 八木)*가 쌀의 이칭으로 사용되기도 한다. 한편 신문이나 TV에서는 일본어로 미국을 가리키는 米国의 약칭인 '米'와의 혼동을 피하기 위해 쌀을 '고메(コメ)'라고 가타카나 표기하는 것이 일반적이다.

스모[相撲] 세계에는 쌀과 관련된 재미난 어휘가 사용된다. 스모 하면 일본의 국기(国技)로서, 1,000년이 넘는 역사를 지닌 일본의 전통 문화이며 오즈모[大相撲] 경기는 지금도 일본에서 가장 권위 있는 프로 스포츠 리그 중 하나다. 고메비쓰[米櫃]라는 말이 있는데, 櫃는 뚜껑이 위로 열리는 큰 궤를 말하며 우리말로 쌀궤, 뒤주를 의미한다. 이 단어가 스모 세계에서는 속칭 실력과 인기가 있어 벌이가 가장 좋은 선수를 가리키는 데 사용된다. 또 오코메[お米]는 하위권 선수들이 받는 용돈을 가리키기도 한다. 이들 표현은 과거 선수들이 급여로 쌀을 받은 것에서 유래했다.

---

* 하치모쿠(はちもく)라고도 읽는다.

일본에서 가장 널리 숭배되는 곡물신, 이나리노카미

한국, 중국과 마찬가지로, 일본 역시 곡물신은 토속신 중에서도 제일 중시되었다. 『고지키』에 기록된 곡물신인 우카노미타마노카미[宇迦之御魂神]는 스사노오노미코토[須佐之男命]와 구시나다히메[櫛名田比売] 사이에서 태어났다. 이름의 우카[宇迦]는 식량을 의미하는 우케(うけ)의 옛 형태로서 특히 벼를 가리키며, 신비·신성을 뜻하는 미화어인 미[御]에다 신령을 뜻하는 다마[魂]가 합쳐진 것이다. 해석하자면 '벼에 깃든 신비한 신령'이다. 이 신은 별칭인 이나리노카미[稲荷神]로 주로 불리는데, 쌀의 작황을 관장한다는 의미인 '이나나리[稲生り, 稲成り]'에서 변화된 것으로 볼 수 있다.

그림 3-8 후시미이나리타이샤의 센본도리이[千本鳥居: 천 개의 신사 입구에 세운 기둥의 문]

본래는 곡물과 농업의 신이지
만 상공업이 발달했던 에도시대
때 상공업까지 포함하여 산업
전반의 신으로서 모시는 신사
의 수가 급증했으며, 지금은 일
본에서 가장 널리 숭배되는 신
중의 하나다. 이나리노카미를
모시는 이나리신사[稲荷神社]는
전국 3만여 개에 달하며 총본
사(総本社)는 일본의 관광명소

그림 3-9 이나리신사를 상징하는 여우 동상

순위에서 빠지지 않는 교토 후시미구[伏見区]에 위치한 후시미이
나리타이샤[伏見稲荷大社]다.

일본어로 유부초밥은 이나리즈시[稲荷寿司]다. 쌀 가마니 모양
의 유부 속에 초밥을 채운 요리이기에 '이나리'라는 명칭이 붙여
진 것이 이상하지는 않지만, 실은 이나리노카미의 사자(使者)인 여
우와 관련된다. 에도시대 말기 간행된 일종의 백과사전인『모리
사다만코[守貞謾稿]』는 유부초밥의 명명과 관련된 최초의 기록으
로 알려져 있는데, 이 책에 따르면 여우가 아부라아게[油揚げ: 유
부]를 좋아하기 때문이라고 적고 있다. 일본어로 여우는 기쓰네(き
つね)인데, 유부를 고명으로 얹은 면 요리를 기쓰네 우동이나 기
쓰네 소바라고 부르는 것도 마찬가지 이유에서다. 전국의 이나리
신사에는 대부분 여우 동상이 세워져 있으며 후시미이나리타이

제3장 | 벼

샤의 별칭은 '기쓰네 신사'다.

동서양 문화 교류의 여정을 통해 본 라이스(rice)

영어 rice는 풀인 벼, 벼 껍질이 있는 낟알, 이 낟알을 도정한 쌀, 쌀로 만든 밥을 문맥에 따라 각각 의미할 수 있다. 이러한 혼동을 막기 위해, 구분해야 할 필요성이 있을 때는 벼를 rice plant, 껍질을 벗기지 않은 낟알을 unhulled rice, 도정한 쌀은 hulled rice, 쌀밥은 cooked rice로 쓸 수 있지만, rice만으로 문맥에 따라 앞의 의미를 모두 포함할 수 있다. 이것은 벼/쌀을 주요 식량으로 사용하는 문화권에서 벼/쌀과 관련된 더 다양하고 구체적인 어휘가 발달한 것을 알 수 있는 예다.

『옥스퍼드영어사전』에 따르면, rice라는 단어는 고대 프랑스어 ris에서 영어로 차용되었으며, ris는 이탈리아어 riso에서 유래했다. riso는 라틴어 risum에서 파생되었으며, 이는 다시 고대 그리스어 oryza에서 비롯된 것으로 알려져 있다. 한국에서 재배하는 일반적인 벼종의 학명은 *Oryza sativa*(Asian rice)다. 그리스인들은 인도에서 온 식물을 지칭할 때 oryza라는 단어를 사용했다. 따라서 rice라는 단어의 어원적인 여정은, 처음으로 아시아 문화에서 쌀 재배가 시작된 이후, 서양 문화가 쌀을 그들의 요리에 도입하는 과정을 통해 쌀의 역사적인 전파를 반영하고 있다.

쌀의 학명인 *Oryza sativa*에서 *Oryza*는 쌀의 속명이며, *sativa*는

라틴어 단어 satus에서 유래되어 '뿌린' 또는 '재배된'을 의미한다. *Oryza sativa*는 가장 널리 재배되는 쌀의 종으로 알려져 있으며, '아시아 쌀[Asian rice]' 또는 단순히 '쌀[rice]'로 알려져 있다.

벼는 유럽에 상대적으로 늦게 소개된 작물이다. 8세기에 북아프리카에서 스페인을 침략한 무어인들이 쌀을 비롯한 다양한 작물과 농업 기술을 유럽에 소개했으며, 특히 스페인 동부 해안의 습지 지역에서 쌀을 재배했다. 10세기경에는 이탈리아로 벼를 가져간 것으로 알려져 있다. 이탈리아 북부에 위치한 포 강 지역은 습한 환경으로 인해 벼 재배에 이상적인 조건을 제공하여 오늘날에도 유럽에서 주요한 벼 재배 지역 중 하나로 알려져 있다

영어에서 쌀과 관련된 영어 표현은 그다지 많지 않거나 있다 하더라도 비속어가 많다. 특정 표현 중 하나는 white on rice다. 이 표현은 벼에서 하얀 쌀을 벗겨내는 것이 어렵다는 점에서 착안한 것으로, 이는 우리말의 '껌딱지'나 '고목나무의 매미'처럼 단단하게 붙어 있는 상태를 표현한 비속한 표현이다. 영어에서 rice가 포함된 표현은 주로 아시아 차량이나 오토바이를 비하하는 비속어로 사용되었다. 예를 들면 rice burner, rice grinder, rice rocket 등이 있다.

쌀은 여전히 유럽에서는 보조적인 곡물로 여겨지며, 감자와 달리 다양한 관용 표현이 쓰이지 않는다. 반면, 감자는 쌀보다 늦은 16세기에 유럽에 도입되었지만 유럽 문화에 큰 영향을 미치며 다양한 관용 표현으로 쓰인 예가 많다. 대표적인 관용 표현으로

couch potato가 있다. 이 표현은 텔레비전을 보거나 컴퓨터 앞에서 시간을 보내며 활동하지 않는 사람을 가리킨다. 그 외 미비한 것을 나타낼 때 small potatoes, 논란이 있는 문제는 hot potato, 어리석은 사람을 가리키는 potato head 등 다양한 관용 표현이 있다. 쌀과 감자의 어휘 분화의 차이는 도입 시기보다는 도입 이후 그 문화권에 영향을 미치는 정도에 따른 것으로 보인다.

쌀이 원래 아시아에서 유럽으로 전해진 후 유럽 요리에 통합된 예가 있다. 리소토(risotto)는 쌀을 주재료로 사용하는 이탈리아 전통 요리다. 특히 북부 이탈리아에서 리소토는 중요한 요리로 여겨진다. 이 지역에서 리소토의 위상은 남부 이탈리아의 파스타와 비견될 만큼 높다. 이를 잘 나타내는 말이 있으니, 바로 "Risotto is to northern Italy what pasta is to the south[북부 이탈리아의 리소토는 남부의 파스타와 같다]."다. 이 표현은 북부 이탈리아 식문화에서 쌀이 차지하는 중요성을 강조하며, 그것이 남부 지역의 파스타만큼이나 중대한 역할을 한다는 것을 의미한다. 한국에서 리소토의 인기는 쌀이 유럽으로 전파되고 다시 아시아로 건너간 문화적인 교류의 예로 볼 수 있다.

이탈리아, 스페인, 프랑스, 그리스 등 다양한 유럽 지역에서 출산과 풍요를 상징하는 행위로 결혼식에서 쌀을 던지는 전통이 있다. 이 관행은 고대 로마시대부터 시작되었는데, 즉 당시는 쌀이 도입되지 않는 시기로 원래 밀과 보리 등을 던졌다. 무어인의 스페인 정복으로 벼가 유럽으로 도입되어 재배된 이후 오늘날은 주로

그림 3-10 결혼식에서 신랑신부에게 쌀을 던지는 하객들

쌀을 결혼식에서 던지는 것으로 정착되었다.

예를 들어, 영화 〈대부〉(1972)는 프랜시스 포드 코폴라 감독의 명작으로, 마이클(알 파치노 분)은 첫 번째 결혼식을 시칠리아에서 올린다. 여기에서 신랑과 신부가 교회를 나올 때, 축복과 소망을 상징하는 전통적인 의미에서 하객들이 신랑 신부에게 쌀을 던지며 축하하는 장면이 등장한다. 이 쌀 던지기 관행은 결혼식의 기쁨과 부부의 번영을 기원하는 의미에서 계속해서 이어져왔다.

쌀은 역사적으로 유럽에 상대적으로 늦게 도입된 작물이지만, 문화적 다양성과 지역 전통에 따라 유럽 내에서도 독특한 의미와 상징성을 가지게 되었음을 이 관행으로 알 수 있다.

제 4 장

태양을 향하는 일편단심? · 해바라기

해를 따라가지 않는 해바라기

현재 우리가 해바라기라고 부르는 선플라워(sunflower)는 국화과의 한해살이 식물이다. 한국과 중국의 고문헌에서 19세기 이전에 '규(葵)'라고 통칭했던 식물은 아시아가 원산지인 아욱과의 아욱, 접시꽃, 닥풀 등으로, 지금 우리가 해바라기라 부르는 식물과는 다른 종이다. 해바라기의 원산지는 북아메리카 서부고원이다. 북아메리카와 페루, 칠레 등지에 70~80종의 야생종이 자라고 있으며, 꽃을 보기 위해 개량한 겹꽃해바라기도 있다. 전체적으로 거친 털이 나 있으며 높이는 2~3미터다. 꽃잎은 밝은 노란색이며 암술과 수술은 중앙에 밀집되어 있다. 큰 꽃은 25센티미터에 이른다. 해바라기 씨에는 20~30퍼센트의 기름이 포함되어 있어 말린 후 볶아서 간식으로 먹거나 기름을 짜내 비누와 도료 등의 원료로 사용된다. 한방에서는 구풍제와 해열제로 사용된다.

해바라기라는 명칭이 해를 따라 꽃이 움직이기 때문에 붙은 것이라고 알고 있으나 사실은 그와 반대로 해바라기의 꽃은 아침부

그림 4-1 어린 해바라기
© 조성덕

터 저녁까지 한자리를 지키고 있다. 또 하나의 포기에서 1개의 꽃
이 피는 것이 일반적이지만 한 포기에서 5개 이상의 꽃송이가 달
리는 품종도 있다. 해바라기와 비슷한 꽃으로는 하늘바라기와 뚱
딴지가 있다. 하늘바라기는 꽃이 하늘을 향하고 있고 해바라기에
비해 꽃이 작다. 뚱딴지의 꽃은 해바라기와 하늘바라기의 중간 크
기이며 땅속에 덩이줄기가 열린다.[1]

'해바라기'라는 단어는 1802년 이가환(李家煥)이 시작하여 아
들 이재위(李載威)가 편찬한 『물보(物譜)』에 "向日蓮 히바라기"라는
기록이 있고, 1900년대 전기에 필사된 이덕무(李德懋, 1741~1793)
의 『청장관전서(靑莊館全書)』에 황규(黃葵)를 속칭 "히볼아기"라고
부른다는 기록이 있다.

해바라기 이름의 진실

현대 국어 '해바라기'는 19세기 문헌에서 '히브라기'로 나타난다. 이외에 '히브르기', '해바리기'와 같은 여러 형태가 보이는데, 여기에 '쏫'이 결합한 '히브라기쏫'과 같은 형태도 19세기 문헌에서 보인다. 문헌상으로는 '히브라기'가 가장 먼저 보이나 이 말이 '히'와 '브라+기'의 결합에 의해서 형성된 것일 가능성이 높음을 감안한다면 '히브라기→히바라기/해바라기'와 같이 변화를 겪었을 것으로 보인다.[2]

우리말샘에 수록된 해바라기의 사투리 종류를 가나다순으로 정리하면 모두 40종이며, 해바라기는 단어가 19세기 이후 문헌에서부터 나타나며 이후 많은 사투리가 파생되었다는 것을 확인할 수 있다. 그러므로 우리나라 19세기 이전의 문헌에서 사용된 규곽(葵藿), 촉규(蜀葵), 융규(戎葵), 오규(吳葵), 호규(胡葵) 등은 현재 우리가 알고 있는 해바라기가 아닌 접시꽃과 닥풀이다. 그럼에도 불구하고 오로지 임금 하나만을 바라본다는 의미에서 지금의 해바라기를 연상하여 葵를 '해바라기'라고 번역한 것이다. 19세기 이전에 없던 식물이 중국을 통해 들어오면서 기존에 아욱, 접시꽃, 닥풀을 의미하던 '규(葵)'에 현재의 영어식 표현인 해바라기[sunflower]의 의미가 추가된 것임을 알 수 있다. 19세기 후반에 편찬된 『송남잡지(松南雜識)』에는 '촉규화(蜀葵花)'와 '향일화(向日花: 해바라기)'를 별도의 식물로 구분한 것을 확인할 수 있다.

이와 비슷한 사례는 우리가 잘 아는 꽃에서도 확인할 수 있다. 우리는 배롱나무를 백일홍이라고 하지만 사실 '백일홍'은 별도의 초본식물이다. 그렇기 때문에 배롱나무를 '목백일홍'이라고 고쳐 부르기도 한다. 또한 일본목련을 서울 사람들은 '함박꽃' 또는 '함박꽃나무'라고 부르지만 사실 함박꽃은 작약의 다른 이름이며, 함박꽃나무 역시 목련과 비슷한 별개의 나무다. 청미래덩굴을 경상도에서는 '망개나무'라고 부르는 것도 마찬가지 사례다.

문학 작품에 나타난 해바라기

이덕무의 『청장관전서』에는 다음과 같은 내용이 실려 있다.

> 내가 아이 적에 황규(黃葵), 곧 속명(俗名) '아기(해바라기)'를 화분에 심었더니 줄기는 삼 같고 잎은 패모 같았다. 줄기 끝에 누런 꽃이 피었는데 복판이 조밥 같고 곱지는 않았다. 해를 따라 동서로 움직였는데 목이 굽어서 담뱃대 같았고 한낮에는 하늘을 향하였다. 내가 시험 삼아 동쪽으로 향하기를 기다렸다가 화분을 돌려 서쪽으로 향하도록 했더니, 얼마 되지 않아서 시들어 죽었다.[*]

인용한 내용은 우리가 알고 있는 해바라기[sunflower]의 특징을

---

[*] 『청장관전서(青莊館全書)』, 권58 「앙엽기(盎葉記) 5」 '규(葵)'.

잘 보여주고 있다. 물론 한자로는 황규(黃葵)라고 하여 닥풀과 동일한 것으로 표기했지만, 여기서 말하는 황규(黃葵)는 닥풀이 아닌 해바라기다. 이덕무는 속명이 해바라기이기 때문에 이 꽃이 해를 따라 움직인다고 생각해서 그것을 실험하기 위해 인위적으로 화분의 방향을 바꾼 것이다. 그러나 얼마 뒤 해바라기는 시들어 죽었다. 당연한 결과다. 꽃이 피고 씨앗이 열린 해바라기는 매우 무겁기 때문에 방향을 바꾸면 결국 목이 꺾이거나 부러져 죽을 수밖에 없는 것이다. 강철도 여러 번 앞뒤로 구부렸다가 다시 펴기를 반복하면 결국 잘리는 것과 같은 원리다. 여기에서 우리는 이덕무가 키운 해바라기가 바로 해바라기[sunflower]라는 것을 확인할 수 있다. 접시꽃은 방향을 바꾸었다고 목이 부러져 죽을 수 없기 때문이다.

이유원의 『임하필기』 「규화촉(葵花燭)」에는 해바라기 기름으로 만든 양초를 사용한 내용이 있다.

기름초[腻燭]는 금성(錦城)·청주(清州)에서 생산되는 것으로 청심(青心)이 최상이다. 옛날에는 '규화촉(葵花燭)'이라 일컬었는데, 초 한 자루면 겨울 기나긴 밤을 다 켜도 밑동이 남을 정도였다. 내가 어렸을 때 금성의 임소에서 선왕고를 모셨으므로 초의 특이한 품질에 대해 자세히 알았다. 그런데 근래에는 그렇지 못해 여름밤에도 두세 자루를 켜는데, 어찌 만드는 법이 예스럽지 못해서이겠는가. 엉성한 재료를 쓰기 때문에 품질이 떨어진 것이다. 청양의 정산에서 나는 어향도 호남에서 나는 것에는 미치지 못한다.*

이 내용은 『임하필기』 「순일편(旬一編)」에 실려 있다. 이유원은 『임하필기』 자서에서 「춘명일사」에 쓰려다가 쓰지 못한 미진한 부분을 1871년 열흘 만에 완성하여 '旬一編'이라고 이름을 붙였다고 했다. 이를 근거로 할 때 1871년 이전에 이미 해바라기 씨에서 짠 기름을 촛불을 켜는 데 사용했다는 사실을 확인할 수 있다.

향산 이만도(李晚燾, 1842~1910)의 『향산집(響山集)』에도 해바라기에 대한 시가 나온다.

사람들은 규화가 늙으면 천성을 잃어서	人道葵花老失性
씨 열리면 더 이상 때를 맞추지 못한다고 하네	顆成不復適時量
이는 머리가 무거워 돌리지 못해서가 아니라	此非頭重難回轉
도리어 땅속의 양기를 부지하고자 해서라네	將欲還扶地底陽**

위의 시에는 말한 "규화는 늙으면 천성을 잃어서"는 꽃대가 가는 해바라기는 어릴 때는 꽃이 가벼워 해를 따라 움직일 수 있지만 꽃이 지고 씨가 맺히면 머리가 무거워져서 숙이게 되므로 무거워서 움직일 수 없음을 말한 것이다. 이 시를 통해 이덕무가 해바

---

* 『임하필기(林下筆記)』, 권32 「순일편(旬一編)」 '규화촉(葵花燭)'.
** 『향산집(響山集)』 별집 권1 시(詩) 「규화(葵花)」.

그림 4-2 해바라기 씨
© 조성덕

라기 화분의 방향을 해가 있는 쪽으로 바꾸었을 때 해바라기의
머리가 꺾여 시들어 죽은 이유를 간접적으로 확인할 수 있다. "머
리가 무거워 돌리지 못해서"라는 표현에서 해바라기의 씨앗이 여
물었다는 것을 짐작할 수 있다.

매천 황현(黃玹, 1855~1910)의 『매천집(梅泉集)』에 실린 「상아의
여름 과제 시에 차운하다[次祥兒夏課韻]」에는 시골의 궁벽한 생활
에 먹을 것이 없어 말라비틀어진 해바라기를 먹는 장면이 묘사되
어 있다.

초여름이라 사람 소리 드문데   淺夏人聲倦

궁벽한 마을에는 시골 맛이 물씬하네   窮村野味濃

때늦은 해바라기는 그래도 딸 만하고   晚葵猶可摘

새로 난 보리는 아직 밟지 않았네　　　　　新麥不成春*

　황현이 '딸 만하다[可摘]'고 말한 것이 바로 해바라기 씨앗이라는 것을 알 수 있다. 봄에 먹을 것이 없을 때 작년에 따지 않고 남겨둔 해바라기씨를 그나마 간식으로 먹을 수 있어 감사한 마음이 든다는 것을 말하고 있다.

고대 중국에서 채소를 가리켰던 葵

　해바라기는 중국어에서 샹르쿠이[向日葵]라고 한다. 항상 해를 바라보고 있다고 해서 샹[向, 향할 향], 르[日, 날 일]를 써서 해바라기를 표현했다. 그런데 샹르쿠이[向日葵]의 쿠이[葵]는 한자사전에서 '해바라기 규' 또는 '아욱 규'로 풀이되어 있지만, 중국에서는 처음에는 해바라기라는 의미가 없었던 것으로 보인다. 즉, 고대에는 채소를 뜻하는 '아욱 규'의 의미로만 쓰였던 것이다. 샹르쿠이[向日葵]의 원산지는 미주(美洲) 지역으로 대략 16세기 이후 중국 명(明)나라 때에 해바라기의 종즈[種子: 씨앗]가 중국에 전해진 것으로 보인다. 처음 해바라기가 중국에 전해졌을 때는 샹르쿠이에 두[毒: 독]가 있어서 둬타이[墮胎: 유산하다, 낙태하다]할 수 있어 위험

---

*『매천집(梅泉集)』, 권4 병오고(丙午稿)「상아의 여름 과제 시에 차운하다[次祥兒夏課韻]」.

하다는 편견이 있어 한참 동안이나 사랑받지 못한 꽃이다.[3]

갑골문	금문	초계간백	설문해자	진계간독	해서
-	-	-	葵	葵	葵

그림 4-3 葵 자형의 변천

葵 자는 형성자로 『설문해자』에 최초로 보이며, 『설문해자』에
따르면, "채소의 일종(菜)[아욱]이다. 초(艸)가 의미부이고 계(癸)가
소리부다[葵, 菜也. 从艸, 癸聲]."[4]라고 하여 葵는 지금의 해바라기가
아닌 채소 쿠이차이[葵菜: 아욱]를 가리켰다. 『한자원류자전(漢字源
流字典)』에서도 "葵의 본의는 규채(葵菜)이며, 동규(冬葵) 또는 동
한채(冬寒菜)라고도 한다."고 설명하고 있다.[5] 규채는 아욱과에 속
하며 2년생 초본식물로, 잎은 콩팥 모양 혹은 원형이고 꽃은 연한
붉은색이다. 어린 새싹과 잎은 채소로 사용되며, 고대 중국에서
주요 채소로 사용되었으나, 씨앗을 포함한 모든 부위를 약재로 사
용할 수 있다고 했다.[*] 한악부(漢樂府)[**]의 「장가행(長歌行)」을 보면
아욱에 관한 묘사가 있다.

---

* 本義為葵菜, 又名"冬葵""冬寒菜". 錦葵科, 二年生草本植物, 葉腎形至原形, 花淡紅
色. 嫩梢嫩葉可作蔬菜, 是古代的主要蔬菜, 種子, 全草可入藥.[6]
** 한나라의 음악을 관장하던 기구.

푸르고 푸른 동산 가운데의 아욱*은 아침 이슬 햇빛을 기다려 마르네.

따뜻한 봄이 은택 펴니 만물이 빛을 내누나.

항상 가을철 이르러 붉고 누래져 꽃과 잎 쇠할까 두려워라.

[青青園中葵, 朝露待日晞.

陽春布德澤, 萬物生光輝.

常恐秋節至, 焜黃華葉衰.][7]

훗날 葵는 상록 교목인 푸쿠이[蒲葵: 빈랑나무]를 가리키거나, 또 국화과에 속하는 초본식물인 진쿠이[錦葵: 아욱], 수쿠이[蜀葵: 접시꽃], 샹르쿠이[向日葵: 해바라기] 등을 가리키게 되었다.** 현재는 샹르쿠이[向日葵]가 우리가 흔히 아는 해바라기를 가리킨다.

해바라기의 의미와 쓰임

葵에 花(꽃 화)를 붙이면 해바라기를 뜻하는 쿠이화[葵花]가 된다. 그러나 현대 중국어에서 해바라기는 보통 샹르쿠이[向日葵]라고 부른다. 앞서 샹르쿠이[向日葵]가 항상 태양을 향하고 있다고

---

* 동양고전종합DB에서는 葵를 해바라기로 해석했으나 해바라기가 중국에 도입된 시기를 볼 때 「장가행(長歌行)」에 등장하는 葵는 '아욱'으로 해석하는 게 옳다고 본다.

** 葵是形聲字. 葵是蔬菜明. 即葵菜. 有叫冬葵. 冬寒菜. 後又指蒲葵. 是一種常綠喬木. 又指菊科草本植物. 如錦葵. 蜀葵. 向日葵等.[8]

하여, 向과 日을 붙여서 표현한다고 했는데, 이 샹르쿠이[向日葵]에서 쓰인 日은 '때, 날'을 나타내기도 하지만 원래 日은 태양을 본떠서 만들어진 글자다. 샹르쿠이[向日葵]의 日이 바로 태양을 나타내는 것이다. 태양을 중국어로 타이양[太陽]이라고 하고 꽃을 화[花]라고 하는데, 태양과 꽃을 뜻하는 한자를 붙여서 해바라기를 태양꽃이라는 뜻의 타이양화[太陽花]라고도 부른다. 또는 태양을 따라 돈다는 의미로 좐르롄[轉日蓮]이라고 부르기도 한다.

동양에서는 양(陽)과 음(陰)의 개념이 종종 언급되는데, 양(陽)은 밝고 따뜻함을 상징하고, 음(陰)은 습하고 냉랭함을 상징한다. 해바라기의 중국식 이름에서도 알 수 있듯이 밝고 따뜻한 태양을 바라보고 있다고 해서 해바라기는 중국에서 태양, 광명, 생명력 등의 긍정적인 이미지를 연상시킨다. 또한 열정, 사랑, 우정, 적극적이고 도도한 정신 등을 의미하기도 해 중국인들은 졸업, 축하 등의 꽃다발에 빠지지 않고 해바리기를 넣는다.

과거 천대받던 해바라기가 현대에 와서는 중국인들에게 없어서는 안 될 식품으로도 사랑받고 있다. 해바라기의 씨앗은 중

그림 4-4 해바라기로 만든 꽃다발
© 김시현

국인들이 즐겨 먹는 간식이다. 해바라기 씨앗을 중국어로는 쿠이화즈[葵花子] 또는 쿠이과즈[葵瓜子]라고 한다. 중국인들이 보통 수다를 떨거나 할 때 심심찮게 등장하는 간식이 과즈[瓜子]다. 보통 과즈[瓜子]라고 하면 여러 씨앗 중에서도 해바라기 씨앗을 가리킬 정도로 즐겨 먹는다. 커스[嗑食: 까서 먹다]의 대표주자가 바로 해바라기 씨다. 또 쿠이화즈[葵花子]는 식용 기름으로도 쓰이는데, 이 해바라기 씨 오일을 중국어로 쿠이화즈여우[葵花籽油]라고 한다. 여기에서 즈[籽]는 씨앗, 종자를 나타내는 종즈[種子]를 뜻한다.

볼품없는 꽃이었던 해바라기

일본의 버블 경제가 한창이었던 1987년, 일본의 보험회사인 '야스다 화재해상보험[安田火災海上保險, 현 손포 재팬 니혼코아]'는 창립 100주년을 앞두고 고흐의 그림 〈해바라기〉를 약 4,000만 달러에 낙찰받았다. 지금도 도쿄의 손포 미술관(SOMPO美術館)에 전시되고 있는 이 그림은 막강한 자금력으로 전 세계의 부동산과 미술품을 사들였던 1980년대 후반에서 1990년대 초반까지 일본 버블 경제의 상징으로 종종 비유된다. 이 값비싼 그림의 주인공인 해바라기는 중국을 통해 일본에 17세기경 들어왔지만, 당시만 하더라도 완전히 다른 처지였다. 최초의 기록으로 여겨지는 『긴모즈이[訓蒙図彙]』(1666)에 따르면 중국과 마찬가지로 키 큰 국화라 하여 조기쿠[丈菊]로 소개됐다.

18세기에 들어서 지금과 마찬가지로 히마와리(ひまわり, 向日葵, 日廻り, 日回り)라는 명칭으로 부르게 되었는데, 向日葵는 음독(音讀)하여 '고지쓰키(コウジツキ)'라고도 읽는다. 별칭으로는 니치린소[日輪草], 히구루마[日車], 히구루마소[日車草], 히마와리소[日回り草] 등이 있는데, 태양을 따라 도는 꽃이라는 의미에서 유래한 명칭들이다. 대표적인 본초학자인 가이바라 에키켄[貝原益軒]의 『야마토혼조[大和本草]』(1708)에는 "해바라기 꽃 볼품없고 가장 하품이다[花ヲカラズ最モ下品ナリ]."라고 적혀 있다. 에도시대 무사들에게 원예는 교양이자 수양을 위해 중요한 취미였는데, 그중에서도 나팔꽃같이 작고 귀여운 꽃이 관상용으로 애용되었다. 크기만 큰 해바라기는 관상용으로서 그다지 인기 있는 꽃이 아니었던 것이다.

그림 4-5 일본 변호사기장

변호사 배지의 정식 명칭은 변호사 기장(記章)이다. 일본의 변호사 기장은 천칭 주위로 해바라기 꽃잎이 감싸고 있는 모양이다. 공정과 평등을 상징하는 천칭, 자유와 정의를 상징하는 해바라기를 형상화한 것이라고 한다. 1996년 NHK에서 방영된 드라마 중에 일본의 버블 붕괴로 회사에서 퇴직한 주인공이 변호사를 꿈꾸며 사법시험을 거쳐 멋진 변호사로 성장하는 드라마가 있었는데, 그 제목이 〈히마와리〉였다.

일본에 아버지날이 전해진 것은 1950년경인데, 매년 6월 세 번째 일요일이다. 초반에는 인지도가 낮았지만 1980년대 들어와 백화점의 마케팅 등으로 인해 널리 인식되었다. 다만 미국에서는 아버지의 날에 하얀 장미를 보내는 풍습이 있지만 일본에서는 노란색이 상징이 되어 노란 장미나 해바라기 꽃을 선물하는 사람이 많다.

해바라기, 지고지순한 사랑과 열정

해바라기는 다양한 종류의 헬리안투스속(*Helianthus*) 식물을 말한다. 그중에서도 헬리안투스 아누스(*Helianthus annuus*)는 '흔한 해바라기[common sunflower]'라는 이름에서 알 수 있듯이 우리에게 가장 친숙한 종이다. 이 해바라기는 주로 기름진 씨앗을 얻기 위해 재배되며, 이 씨앗은 조리용 기름뿐 아니라 가축 사료로도 활용된다.

헬리안투스속에는 다양한 해바라기종들이 존재한다. 예를 들면, 북아메리카가 원산지인 헬리안투스 투베로수스(*Helianthus tuberosus*)는 먹을 수 있는 구근을 가지고 있다. 이 구근은 '예루살렘 아티초크(Jerusalem artichoke)'로 불린다. 원산지가 예루살렘이 아닌데, "이탈리아어로 해바라기를 뜻하는 지라솔레(girasole)를 잘못 발음한 것이 '예루살렘'으로 와전되었다."[9]고 한다. 이 식물의 구근은 실제로 아티초크가 아니기 때문에, 구별하기 위해 '선초 크(sunchoke)'라는 이름으로 불리기도 한다. 해바라기종이지만 꽃 보다 식용 뿌리에 더 중점을 두어 해뿌리[sunroot], 땅에서 나는 사 과[earth apple]라는 별칭으로도 알려져 있다. 또한, 이 식물은 토 피남부르(topinambur)라고도 알려져 있는데, 이 이름은 1613년 프 랑스로 끌려온 브라질 원주민인 토니낭 부족의 이름에서 유래되 었다. 원산지가 아메리카인 이 식물이 토니낭 부족과 연계되어 이 런 이름을 얻은 것으로 추정된다. 한국어에서는 감자를 닮은 뿌리 의 모양 때문에 '뚱딴지'라는 독특한 이름으로 불리며, 이 뿌리를 돼지들이 좋아한다 하여 '돼지감자'라는 이름도 사용된다.

헬리안투스 막스밀리아니(*Helianthus maximiliani*)는 '맥스밀리언 해바라기'로 불리는데, 북아메리카를 여행하던 귀족 여행가이지 식물학자였던 독일인 막시밀리안 공의 이름을 따서 명명되었다. 헬리안투스 페티올라리스(*Helianthus petiolaris*)는 대평원 해바라기 [prairie sunflower] 또는 작은 해바라기[lesser sunflower]로 불린다. 헬리안투스 기간테우스(*Helianthus giganteus*)는 그 이름처럼 큰 크 기가 특징인 거인 해바라기[giant sunflower] 또는 장신 해바라기 [tall flower]로 불린다. 마지막으로 헬리안투스 앙구스티폴리우스 (*Helianthus angustifolius*)는 좁은잎해바라기[narrowleaf sunflower] 혹 은 습지 해바라기[swamp sunflower]로 불린다. 앞에서 언급한 해바 라기종들은 모두 아메리카가 원산지다.

16세기에 유럽 탐험가들이 처음으로 유럽으로 가져온 해바라기는 그 아름다움과 실질적인 이용가치로 인해 영국을 포함한 유럽 전역에서 큰 인기를 끌었다. 이후 17세기가 되자, 영국의 약초학자 존 제러드는 『약초학』에서 해바라기에 관한 장의 제목을 "태양의 꽃, 또는 페루 원산의 마리골드[Of the flower of the Sun, or the Marigold of Peru]"로 명명했다. 제러드는 이 표현을 통해 해바라기가 마리골드와 유사한 특성을 지닌 꽃임을 강조했는데, 이는 두 꽃이 햇빛을 사랑하는 특성과 화려한 색상을 공유한다는 점에서 기인한다.

『옥스퍼드영어사전』에 따르면, sunflower라는 단어의 어원은 상당히 간단한데, 해[sun]와 꽃[flower]이라는 두 단어의 합성어다. sunflower라는 이름은 그 모양에서 유래되었다. 해바라기의 밝은 노란 꽃이 해를 닮았기 때문이다. 그리고 일부 해바라기는 애기꽃일 때 태양을 따라 돌아가는 특성(향일성)이 있다. 즉, 꽃봉오리가 동쪽에서 서쪽으로 태양의 움직임을 따라가고, 다음 날 아침에 다시 동쪽을 향하고 있다. 다 자란 해바라기는 대체로 동쪽을 향하는데, 이런 특성이 sunflower라는 이름에 영향을 미쳤다.

기독교 성경에는 해바라기에 관한 언급이 없다. 해바라기가 원래 아메리카 대륙의 식물이며, 15세기 말 아메리카 대륙이 발견된 이후에야 중동이나 유럽에 알려졌기 때문으로, 이는 성경이 쓰여진 때보다 훨씬 늦은 시기에 발생한 일이다.

마찬가지 이유로 그리스 신화에서도 해바라기가 등장하지 않아

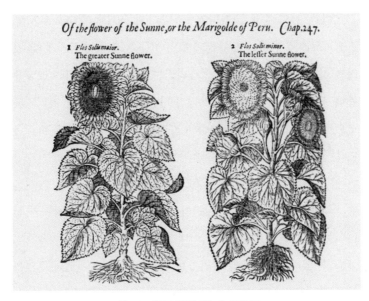
그림 4-6 제러드의 『약초학』 속 해바라기

야 한다. 그런데 그리스 신화에서 클리티(Clytie)는 해바라기와 간접적으로 연결되는 여신으로 언급된다. 클리티는 태양의 신인 헬리오스(Helios)에게 사랑받지 못한 바다의 님프다. 그녀는 헬리오스를 사랑했지만, 자신의 사랑이 받아들여지지 않자 깊은 슬픔에 빠졌다. 클리티는 헬리오스의 마차가 하늘을 가로질러 이동하는 동안 먹지도 마시지도 않고, 그저 헬리오스를 바라보기만 했다고 한다. 클리티의 끊임없는 동경은 결국 그녀를 해바라기로 변하게 했고, 이 해바라기는 항상 해를 향해 자신의 머리를 돌리는 것으로 알려져 있다.

그리스 신화에서 클리티가 '해바라기' 또는 '헬리오트로프 (heliotrope)'로 변했다고 언급되지만, 이는 오늘날 우리에게 잘 알려진 아메리카산 해바라기를 가리키는 것이 아니다. 이는 태양을 향해 돌아가는, 향일성으로 알려진 다른 종류의 꽃들을 가리키는 것으로 보인다. 한 가지 가능성은 카렌듈라속(Calendula)의 마리골드다. 금잔화는 아침에 피고 낮 동안 태양을 따라 움직이는 경향이 있다. 또 다른 후보는 국화과[Asteraceae]에 속하는 다양한 식물로, 이 중 몇몇은 향일성을 보인다. 클리티와 향일성 꽃 사이의 신화적 연관성은 대부분 상징적이며, 구체적인 식물 종을 지칭하지 않을 수 있다. 대신, 해를 따라가는 꽃의 행동은 클리티의 끝없는 사랑, 즉 태양신 헬리오스에 대한 그녀의 사랑을 비유하는 데 사용된다.

영어에서 sunflower라는 단어는 문화적, 은유적, 상징적인 의미를 종종 가진다. 그럼에도 불구하고, 해바라기를 직접적으로 언급하는 특별한 관용구나 표현은 그리 흔하지 않다. 일반적으로, 해바라기는 그 특징적인 성격 때문에 긍정, 충성, 변하지 않는 믿음 등을 상징적으로 나타내는 데 사용된다. 예를 들어, 'turning like a sunflower[해바라기처럼 돌아가며]'라는 표현은 누군가가 항상 긍정적이고 밝은 측면을 추구하는 것을 의미한다. 'being a sunflower' 나 'like a sunflower follows the sun' 같은 표현들은 긍정성, 충성, 일관성을 상징한다. 이는 해바라기가 태양을 따라 움직이고 빛을 추구하는 성질에서 비롯된 것으로, 이는 변함없는 신념이나 낙관

주의를 의미하는 상징으로 볼 수 있다.

해바라기의 이러한 상징성은 문화적 맥락에서도 유지된다. 예술과 문학에서 해바라기는 충성, 숭배, 활력, 행복 등 다양한 의미를 상징한다. 2000년대를 대표하는 해바라기 노래 중 하나는 아마도 영화 〈스파이더맨: 뉴 유니버스〉의 타이틀 OST인 포스트 말론과 스웨 리가 부른 〈Sunflower〉일 것이다. 여기서의 해바라기는 사랑과 그리움의 메타포로 사용되었다.

오늘날 해바라기 하면 가장 먼저 떠오르는 예술 작품은 빈센트 반 고흐의 해바라기 시리즈일 것이다. 고흐는 1888년부터 1889년 사이에 여러 점의 해바라기 그림을 창작했는데, 이 시리즈는 그의 개인적인 삶과 감정, 그리고 예술에 대한 열정을 대변하면서 동시에 해바라기를 독특하고 감동적인 방식으로 묘사한 것으로 유명하다. 그의 작품은 해바라기의 생동감 넘치는 노란색과 그를 통한 고흐의 강렬한 감정 표현을 드러내 전 세계 수많은 사람들에게 해바라기에 대한 새로운 시각을 제공했다.

그림 4-7 고흐의 〈해바라기〉

제 5 장

아름다움 속에 숨긴 가시 · **장미**

찔레가 바로 야생 장미

장미(薔薇)는 장미과 장미속[Rosa]에 속하는 관목으로, 기원전 3000년경부터 중국과 중동 지역에서 관상용으로 재배되었다고 한다. 지금 우리가 흔히 보는 장미는 동양의 많은 야생장미속 식물 중 중국산 야생 장미가 유럽으로 건너가 유럽산 야생 장미 사이에서 잡종을 만들어낸 것이라고 알려져 있다. 우리나라는 약간의 품종이 20세기 초에 일본을 거쳐 유입되었고, 1950년 이후에 많은 품종이 도입되었다고 한다.

장미는 북반구의 한대, 아한대, 온대, 아열대에 걸쳐 자란다. 특히 꽃이 아름답고 향기가 좋아 관상용이나 향료용으로 키운다. 꽃봉오리를 건조하여 꽃차의 재료로 사용하기도 한다. 색상도 다양해서 빨강부터 하양, 노랑, 분홍, 파랑 등 다양한 색의 꽃을 피운다. 꽃이 피는 시기로 구분하는 사계장미(四季薔薇), 색으로 구분하는 금장미(金薔薇), 흑장미(黑薔薇), 자라는 환경으로 구분하는 돌장미(돌薔薇), 들장미(들薔薇), 나무의 특성으로 구분하는 덩

그림 5-1 거제왕찔레
© 조성덕

굴장미(덩굴薔薇), 줄장미(줄薔薇) 등이 있다.

　우리가 일반적으로 들장미라고 부르는 찔레가 바로 야생 장미다. 특히 남쪽의 찔레는 꽃잎이 크고 색이 연분홍색에 가깝다. 대중가요의 가사 중에 "찔레꽃 붉게 피는 남쪽 나라 내 고향"에서 알 수 있듯이, 남쪽에서 자생하는 찔레가 북쪽에서 자라는 것보다 더 붉고 꽃잎도 크다. 현재는 거제도에서 발견되어 거제왕찔레로 알려진 하얀색 찔레꽃도 있다. 조선 선조 때 양예수(楊禮壽, ?~1600)가 편찬한 『의림촬요(醫林撮要)』에는 입이 짓무르거나 혀가 터진 데는 찔레 뿌리[野薔薇根]를 달인 물로 양치하라고 되어

그림 5-2 장미의 붉은색을 연상시키는 장미휘석

있고, 땀을 많이 흘리는 사람에게 처방하는 육물산(六物散)의 재료도 말린 장미 뿌리[乾薔薇根]를 사용한다고 나온다.

장미의 옛말인 '쟝미'는 16세기 문헌에서부터 나타난다. '쟝미'의 첫 음절 '쟝'에서 치음인 ㅈ이 구개음으로 바뀌어 '쟝'과 '장'의 발음이 구별되지 않게 되면서 '장미'가 되었는데, 이 '장미'가 19세기 문헌에서부터 나타나기 시작해 현재까지 이어진다.

장미가 포함된 어휘 중에 음식인 장미주(薔薇酒), 장미차(薔薇차), 장미화전(薔薇花煎), 장미화채(薔薇花菜), 화장품으로 쓰는 장미수(薔薇水), 장미유(薔薇油), 의학 용어인 장미증(薔薇症), 장미진(薔薇疹), 광물 이름으로 장미석영(薔薇石英), 장미휘석(薔薇輝石) 등이 있다. 이 중 음식과 화장품에는 장미 자체를 재료로 사용했기 때문에 이름에 장미가 들어가지만, 의학 용어나 광물에는 장미꽃의 붉은색을 연상시키는 증상과 색깔 때문에 이름에 장미가 들어간다.

한국 역사 속의 장미

조선시대 효종 연간에 전동흘(全東屹)이 평안도 철산부사로 지내면서 계모의 흉계로 원통하게 죽은 자매의 사건을 처리한 내용을 미상의 작가가 소설로 쓴 것이 「장화홍련전」이다. 이 제목이자 주인공 자매 중 언니의 이름이 '장화'인데, 바로 薔花, 즉 장미꽃이다. 한때 여고생의 불량 서클 이름 중에 '흑장미파'가 많았던 것도 장미가 여성의 아름다움을 대표하는 꽃이라는 생각에서 비롯된 것이다. 또 사람이 겉으로는 좋고 훌륭해 보여도 남을 해롭게 할 수 있는 요소를 가지고 있어 상대편이 해를 입을 수 있음을 비유적으로 '장미에는 가시가 있다.'라고 표현한다.

장미는 그 꽃이 만발하는 초여름을 상징하는 식물이기도 했다. 조선시대 태종이 초여름에 예문관 관원들에게 장미를 상으로 내리고 잔치를 베풀어주던 것을 '장미연(薔薇宴)'*이라고 불렀으며, 이때 모여서 술을 마시는 것을 '장미음(薔薇飮)'이라고 했다. 이후

---

* 태종 2년 임오(1402) 2월 28일(신사): "대언(代言) 유기(柳沂)를 보내 궁온(宮醞)을 교서관(校書館)의 홍도연(紅桃宴)에 내려 주었다. 예문(藝文)·성균(成均)·교서(校書) 3관(三館)이 각각 상 받은 물건으로서 그 연회의 이름을 붙였는데, 예문관에서는 '장미연(薔薇宴)'이라 하고……"

3년마다 한 번씩 열렸다고 한다.

　서거정(徐居正, 1420~1488)의 『사가시집(四家詩集)』의 한 시에는 덩굴장미가 흐드러지게 피어 휘어진 모습이 잘 묘사되어 있으며(권4 시류詩類「영물詠物」‘장미薔薇’), 서거정이 홍일휴(洪日休, ?~?)의 시에 차운한 작품(권9 시류「홍일휴의 시에 차운하다」)과 이원(李原, 1368~1429)의 『용헌집(容軒集)』에는 비를 맞은 장미꽃이 시렁에 만발한 장면이 묘사되어 있고(권2「마전 동헌의 시에 차운하다[次麻田東軒詩]」), 성삼문(成三問, 1418~1456)의 『성근보선생집(成謹甫先生集)』(권3「황곡 옛 거처를 방문하다[訪篁谷舊居]」)과 한장석(韓章錫, 1832~1894)의 『미산집(眉山集)』(권3)에는 울타리에 만개한 덩굴장미를 꺾은 추억이 묘사되어 있다. 이수광(李睟光, 1563~1628)의 『지봉집(芝峯集)』에는 붉은 장미꽃이 시렁에 얽혀 있는 장면이 묘사되어 있다(권13「홍양록洪陽錄」‘초여름[初夏]’). 또 서거정의 『사가시집』(권46「즉사卽事」), 정종로(鄭宗魯, 1738~1816)의 『입재집(立齋集)』(권2「전아잡영錢迓雜詠」), 성현(成俔, 1439~1504)의 『허백당시집』(권14「풍월루에서 주연을 열어 도승지 송공 영을 위로하고, 이튿날 또 연달아 귀경하는 백언과 가진을 위로하다[風月樓宴慰都承旨宋公瑛明日又慰伯彦可珍相繼還京]」)에는 노란색 장미가 낮은 담장 옆에 예쁘게 피어 있는 모습을 묘사한 내용이 있다.

　다음은 이제현의 「역옹패설」에서 최집균(崔集均)의 시를 설명하는 내용에 보이는 시구다.

흰 철쭉꽃과 붉은 철쭉꽃이 섞여 있고	白躑躅交紅躑躅
노란 장미꽃과 붉은 장미꽃이 마주 서 있네	黃薔薇對紫薔薇*

　노란 장미꽃[黃薔薇]과 붉은 장미꽃[紫薔薇]이라는 시구를 통해 노란 장미와 흑장미가 나란히 피어 있었던 것을 확인할 수 있다. 자연적으로 노란 장미와 붉은 장미가 나란히 피어 있기는 어렵다. 즉, 「역옹패설」이 1342년에 엮어 낸 것임을 감안할 때 고려 말기에 노란색 장미를 재배했던 것으로 보인다.

장미의 원산지는 중국

　장미는 중국어로 치앙웨이[薔薇]라고 한다. 장미는 중국이 원산지이며 주로 북반구의 온대, 아열대 및 열대 산악 지역에 분포하며 중국 허베이[河北], 허난[河南] 및 기타 성(省)에서 재배된다. 장미는 빛을 좋아하고 추위에 강하기 때문에 중국 북부에서도 겨울을 무사히 보낼 수 있으며 적응력이 매우 강하고 토양에 대한 요구 사항이 높지 않지만 느슨하고 비옥하며 습하고 배수 성능이 좋은 토양에서 더 잘 자란다.

　장미는 2,000년의 재배 역사를 가지고 있는데, 기록에 따르면 한대(漢代)에 심기 시작해 남북조(南北朝)에 대규모로 재배한 것

---

* 『익재집(益齋集)』, 후집(後集) 2 「역옹패설(櫟翁稗說)」.

그림 5-3 벽을 타고 자란 중국의 장미

으로 기록되어 있다. 오늘날 세계 대부분 지역에서 볼 수 있는 장미는 6,000만 년 전에 아시아에서 전파되었으며, 이는 장미의 화석으로 입증된다. 북아메리카에서 일찍이 발견되었던 잎사귀 화석은 올리고세(Oligocene)*의 것으로 4,000만 년 이상 된 것이다. 최근 중국 푸순[撫順] 지역에서 발견된 장미 잎 화석은 북아메리카에서 발견된 화석보다 1,500만 년 정도 빠른 시기의 것으로 장미의 고향은 아시아, 중국이라는 것을 보여준다.

중국의 장미는 매괴(玫瑰)와 월계(月季) 그리고 장미(薔薇)로 나

---

* 올리고세는 지질시대의 하나로 약 3,390만 년 전부터 2,303만 년 전까지를 말하며, 점신세(漸新世)라고도 한다. 명칭은 독일의 고생물학자 하인리히 에른스트 바이리히(Heinrich Ernst Beyrich)가 1854년에 처음 만들었다. 신생대 제3기를 다섯으로 구분했을 때의 세 번째 시대. 유공충류가 번성하고 포유류, 속씨식물이 발달했다.[1]

그림 5-4 생화전병

넌다. 꽃이 피는 시기로 구분하면, 매괴는 한 해에 5~6월 한 번만 꽃이 피며 향기가 있는 품종이다. 월계는 글자에서 알 수 있듯이 월마다 꽃이 수시로 피는 품종이다. 하지만 일반적으로 매년 4월에서 9월까지 꽃이 핀다. 월계는 향기가 약하거나 없고 꽃의 크기는 크다. 장미는 한 해에 5~6월 한 번만 꽃이 피며, 주로 덩굴장미로 꽃이 작고 많은 송이가 한꺼번에 피는 품종이다.『본초강목』에서 이시진은 원래 장미라는 이름은 담장[墙]에 기대어 자라는 궁궁이[蘼]* 같다고 하여 장미(薔蘼)로 불리다가, 현재의 장미(薔薇)가 되었다고 풀이했다.

---

* 산형과의 여러해살이풀. 높이는 1.5~2미터이며, 잎은 깃 모양으로 깊게 갈라진다. 초가을에 희고 작은 꽃이 우산 모양으로 피고 날개가 달린 납작한 타원형의 열매를 맺는다. 어린잎은 식용하고, 뿌리는 약재로 쓴다. 산이나 골짜기에서 자라는데 한국, 일본 등지에 분포한다.

매년 4월 말에서 5월 초까지는 중국 남부 윈난성[雲南省]에 식용 장미가 만개하는 시기다. 윈난 사람들은 꽃전병을 만드는 데 능숙해 일 년 내내 여러 다른 꽃으로 꽃전병을 만든다. 그 종류로는 백합, 재스민, 국화 및 토란 꽃 등 수십 종이 있다. 꽃전병 제조는 300여 년 전 청나라 때 시작되었다. 고급 장미꽃으로 만든 생화전병은 독특한 풍미로 인해 궁궐의 간식이었으며 건륭제(乾隆帝)에게 많은 사랑을 받았다. 민간에서는 이러한 제과 전통과 기술이 현재까지 전해지고 있다.

중국어 장미 치앙[薔]의 자형 변화

장미를 뜻하는 한자 薔은 『설문해자』에 처음 등장해 해서에 이르러 현재의 글자로 완성되었다.

갑골문	금문	초계간백	설문해자	진계간독	해서
-	-	-	薔	-	薔

그림 5-5 薔 자의 자형 변화

『설문해자』는 다음과 같이 薔 자에 관해 설명했다.

'장우(薔虞)'를 말하는데, '여뀌[蓼]의 일종'이다. 초(艸)가 의미부이고

장(嗇)이 소리부다. 독음은 소(所)와 력(力)이 반절이다.[2]

[薔虞, 蓼. 从艸嗇聲. 所力切.]

중국어 장미 치앙웨이[薔薇]가 들어간 시를 살펴보면, 당(唐)나라 말기의 시인 두목(杜牧)의 「장미꽃[薔薇花]」이 있다. 시에서 등장하는 장미(薔薇)는 덩굴장미로, 시인은 벽을 감싸안은 장미를 보고 마치 비단 장막을 보는 것 같다고 시로 그려냈다.

한 송이 한 송이 볼 때마다 정신이 맑고 한 잎 한 잎 잎사귀는 부드럽네.

朵朵精神葉葉柔

비가 갠 후 풍기는 그윽한 향기에 취해 머리가 어지러울 지경이네.

雨晴香拂醉人頭

꽃이 만발할 때는 비단 장막을 보는 것만 같네.　石家錦幛*依然在

광풍이 부는 밤에도 여유롭게 벽에 기대어 꽃잎을 움츠리지 않는구나.

閒倚狂風夜不收

일본의 장미, 노이바라에서 나니와바라까지

일본어로 장미는 바라(バラ)인데, 장미나 탱자나무로 대표되는

---

* 錦幛(금장)은 비단 장막 금보장(錦步障)으로, 서진시대에 진(晉)나라의 관료이자 문인이자 갑부인 석숭(石崇)이 만든 길이가 50리에 달하는 비단 장막을 말한다.

가시 있는 식물을 총칭하는 이바라[茨, 棘, 荊, '우바라'라고도 함]에서 전화한 것으로 보며(『다이겐카이[大言海]』), 한자로는 薔薇라고 쓴다. 보통 '바라'라고 읽는데 '소우비(そうび)' 혹은 '쇼우비(しょうび)'로 음독하기도 했다. 이바라[茨]는 가시가 있는 관목류의 장미를 통칭하며, 가시 자체를 가리키기도 한다. 또한 일본의 야생 장미를 부르는 말인 노이바라[野茨: 찔레나무]를 간단히 '노바라' 혹은 그냥 '이바라'라고 칭했다.

> 길가의 장미 덩굴 끝에 얽혀 있는 콩 덩굴처럼 붙잡는 당신을 두고 가야 하는가
>
> [美知乃倍乃 宇万良能宇礼尓 波保麻米乃 可良麻流伎美乎 波可礼加由加牟]*

위 노래의 작자는 하세쓰카베노토리[丈部鳥]로, 부임지로 떠나면서 사랑하는 아내와의 이별을 아쉬워하며 지은 시로 알려져 있다. 여기서 우바라(うまら)는 일본 전역에 자생했던 노이바라[野茨]를 가리킨다. 이 노이바라의 과실을 '에지쓰[営実]'라고 칭하는데, 이뇨 등의 증상에 약으로 사용할 때 부르는 이름이다. 붉게 익은 열매의 색을 '붉은 화성[営星: 과거 중국에서 화성을 부르던 명칭]'에 빗대어 부르게 된 중국명으로, 918년경 발행된 의약서 『혼조와묘[本草和名]』에도 "에지쓰[営実] …… 일본 이름 우바라노미(宇波

---

* 『만요슈』 제20권 4352.

良乃美: '장미 열매'라는 의미)[営実〈略〉和名宇波良乃美]"라고 적혀 있다.

일본 고유 품종인 노이바라와 함께 인기를 얻었던 품종은 고신바라[庚申薔薇], 못코바라[木香薔薇], 나니와이바라[難波薔薇] 등 일찍이 중국에서 들어온 품종들이었다. 먼저 고신바라[庚申薔薇: 월계화]는 꽃이 오랫동안 피는 특징 때문에 '조순카[[長春花]' 혹은 '고순카[恒春花]'라고 불리며, 고신[庚申]이라는 이름 역시 거의 격월로

그림 5-6 우타가와 히로시게[喜斎立祥] 2세의 〈도쿄네즈장미[東京根津ばら]〉

찾아오는 십간십이지 경신(庚申)의 날처럼 자주 꽃이 핀다고 하여 붙여진 이름이다. 나니와이바라[難波薔薇: 금앵자]는 '나니와바라(なにわばら)'라고도 하는데, 이름의 유래는 에도시대 오사카 나니와[難波] 지역의 정원사에 의해 널리 알려졌기 때문이라는 설이 유력하다.

이와 같이 일본 고유 품종인 노이바라 및 중국에서 들여온 품종 등은 지금은 그다지 주목받지 않지만 서양 장미가 보급되기 오래전부터 재배되어 관상용으로 애용되었을 뿐만 아니라 다양한

제5장 | 장미

장미 품종의 개량에 사용되는 원종(原種)으로도 유명했다.

근대 들어 서양에서 많은 품종이 수입되고 일본 각지에서 장미 묘목이 판매되면서 장미는 대중적으로 인기가 높아져 지금과 같은 꽃의 여왕으로서 자리매김했다. 1875년에는 미국의 장미 재배서를 번역한 『에이리 바라사이바이호[図入薔薇栽培法]』를 시작으로 1902년에는 일본인이 일본산 장미의 재배법 등을 기술한 『바라사이바이신쇼[薔薇栽培新書]』 등 장미 재배와 관련된 여러 전문서가 출판되었다.

또한 장미 순위도 매겨졌다. 일본에서 반즈케[番付]는 스모 선수의 순위를 가리키는데, 에도시대 스모가 대중적 오락산업이 되면서 인쇄물로 반즈케를 발행하여 시합 내용을 알리는 홍보물로서 유행하게 되었다. 그 형식을 빌려 식물의 품종, 지역 명소 등 다양한 대상으로 확대되었는데, 장미의 순위도 '바라 반즈케' 등의 명칭으로 출판되었던 것이다.

장미가 아니라도 장미는 장미다

유럽 전통에서 장미는 단순한 식물학적 의미를 넘어 다양한 의미와 연결된다. 이러한 상징성은 역사적 사건, 문학적 표현을 비롯해 관용구까지 얽혀 있다.

rose라는 단어는 고대 영어 rōse와 라틴어 rosa로 거슬러 올라가며 어원을 찾을 수 있다. 고대 그리스어 rhodon의 영향 또한

rose의 어원을 풍부하게 하는데, 이러한 어원의 연속성은 장미의 인기와 상징성이 유럽의 다양한 언어와 문화 속에서 계속해서 반영되고 있다는 것을 보여준다.

그리스 신화에서 장미는 사랑과 미의 여신 아프로디테와 긴밀히 관련된다. 아프로디테의 연인인 아도니스가 치명상을 입자, 그녀는 그를 구하다가 발을 가시에 찔렸다. 아프로디테의 붉은 피는 아도니스 주위의 하얀 장미를 붉게 물들였고, 이로써 흰색 장미가 붉게 변했다고 전해진다. 이 신화는 사랑과 피로 물든 붉은 장미 사이의 상징적 연결을 나타내며, 이러한 모티프는 유럽 문화에서 계속해서 반복 사용되었다.

영국의 역사에서 장미와 관련된 중요한 사건은 15세기 랭커스터(Lancaster) 가문과 요크(York) 가문의 내전이다. 랭커스터 가문은 붉은 장미를 상징으로 사용하고, 요크 가문은 흰 장미를 사용했다. 이들의 충돌은 '장미의 전쟁[The War of the Roses]'으로 알려져 있다. 이 전쟁은 헨리 튜더가 랭카스터 가문과 결탁하여 요크 가문의 리처드 3세를 1485년 보스워드 전투에서 격파하면서 종식되었다. 헨리 튜더는 영국의 헨리 7세로 즉위하면서 붉은 장미가 흰 장미를 둘러싼 문장(紋章)을 튜더(Tudor) 가문의 상징으로 채택하여 두 가문을 포함한 영국 전체의 화합을 나타내었다.

히브리어 성경과 라틴어 성경에서 특별히 rose로 특정되는 구절은 없지만, 아름답고 우아한 '장미'로 해석한 구절들이 있다. 예를 들면, 킹 제임스 버전(King James Version) 성경의 솔로몬의 노

그림 5-7 랭카스터 가문의 장미(왼쪽)와 요크 가문의 장미(가운데)를 합한
튜더 가문의 장미(오른쪽)

래 2장 1절에 "I am a rose of Sharon, a lily of the valleys."라는
구절이 있다. 또한 이사야 35장 1~2절에는 "and the desert shall
rejoice and blossom as the rose."라는 구절이 나온다. "I am a rose
of Sharon, a lily of the valleys."를 공동번역성서에서는 "나는 고작
사론에 핀 수선화, 산골짜기에 핀 나리꽃이랍니다."라고 번역했고,
개역한글성경에서는 "나는 사론의 수선화요 골짜기의 백합화로
구나."로 번역했다. 이사야 55장 1~2절도 영어 성경에서는 'rose'로
옮겼지만, 개역한글성경과 공동번역성서에서는 "광야의 메마른
땅이 기뻐하며 사막이 백합화같이 피어 즐거워하며"로 번역한다.

히브리어로 '사론의 수선화'는 'חבצלתהשרון(chavatzelethasharon)'
이며, 학자들 사이에서 이것이 정확히 어떤 식물을 가리키는지에
관한 논의가 있었다. 일부는 야생 수선화일 수 있다고 제안하는
반면, 다른 이들은 크로커스, 튤립 또는 어떤 종류의 백합일 수
있다고 주장한다. 히브리어와 라틴어 성경이 특별히 '장미'라는 용
어를 사용하지 않은 반면, 킹 제임스 버전 성경이 rose로 번역한

것은 당시 성경 번역자들이 장미를 우아하고 아름다운 꽃으로 해석했기 때문으로 볼 수 있다.

장미와 관련된 영어 관용 표현 중 하나인 'under the rose'는 어떤 정보나 사실을 비밀로 유지하거나 기밀로 두는 것을 의미한다. 이 표현은 고대 로마시대의 장미가 비밀스러운 대화를 나누는 동안 비밀과 침묵을 나타내는 상징으로 사용된 데서 유래한다. 로마의 연회장에서는 종종 천장에 장미를 달아두었는데, 이는 그 아래에서 이루어진 대화는 비밀로 유지되어야 한다는 의미였다. 이런 관행이 라틴어에서 'sub rosa'라는 표현으로 나타났는데, 이는 영어로는 'under the rose'로 표현되었다.

'형태는 바뀔 수 있지만, 그 본질은 변함이 없음'을 말하고자 할 때 'A rose by any other name would smell as sweet[장미는 이름이 장미가 아니더라도 향기롭기는 마찬가지다].'라고 한다. 이 표현은 셰익스피어의 「로미오와 줄리엣」 2막 2장에 나오는 유명한 인용구다. 이 문구에서 줄리엣이 말하고자 한 것은 로미오의 성인 몬태규가 줄리엣이 속한 캐플릿 가문과 대립하는 가문의 이름이지만, 이 이름이 로미오의 실체에 영향을 주지 않는다는 것이다. 즉, 줄리엣은 로미오가 가문의 원수 집안인 몬테규 집안 사람이라고 해도 자신의 사랑은 변함이 없다는 것을 강조하고자 이렇게 표현했다.

여기서 장미는 사랑과 열정의 상징이며, 진정한 감정의 영속성을 강조하는 감동적인 비유로 기능한다. 이 문구를 포함해서 셰익스피어는 꽃과 관련된 많은 문구와 표현을 대중화시켰고, 그것들이 영어에 흔히 쓰이게 되었다. 기억에 남고 간결한 문구로 깊은 진리를 포착한 셰익스피어의 능력은 그의 작품이 지속적으로 영어권 문화에 영향을 끼친 이유 중 하나다.

제 6 장

속세의 더러움에 물들지 않는 · **연꽃**

연꽃, 부처이자 선비

우리가 일반적으로 알고 있는 연꽃[Indian lotus]은 인도가 원산지이며, 불교와 함께 동쪽으로 전파되었다. 수면 가까이에서 꽃이 피는 수련(睡蓮, water-lily)과는 다른 종으로, 수련은 이집트 등이 원산지다. 연꽃은 진흙 속에 자라면서도 청결하고, 더러운 연못에서도 깨끗한 꽃을 피운다 하여 예로부터 선비들의 사랑을 받아왔다. 또한 불교에서는 연꽃이 속세의 더러움 속에서 피되 더러움에 물들지 않는 청정함과 극락세계를 상징하는 꽃이다. 민간에서는 연꽃을 다산의 상징으로 여겨 부인의 의복에 연꽃 문양을 새겨 넣었으며, 입춘(立春)에는 대궐 전각의 기둥에 연꽃과 연잎의 무늬를 그린 종이를 붙이기도 했다.

연꽃은 수련과[Nymphaeaceae]의 여러해살이 부엽식물로, 뇌지(雷芝), 택지(澤芝), 연하(蓮荷), 만다라화, 수단화(水丹花), 수지단(水芝丹), 연화(蓮花), 하화(荷花), 염거(簾車), 부용(芙蓉) 등의 별칭이 있다. 꽃이 지고 생기는 열매가 들어 있는 송이는 연방(蓮房)이라고 하며, 열매는 연밥, 연실(蓮實), 연자(蓮子), 연자심(蓮子心), 뿌리는 연근(蓮根)이라고 한다. 생약명은 석련자(石蓮子), 고의(苦薏), 백련자(白蓮子)다.[1] 『산림경제』에서는 연(蓮)의 잎을 하(荷), 열매를 연(蓮), 뿌리를 우(藕), 꽃봉오리를 함담(菡萏), 그 꽃을 부용(芙蓉)이라고 하고 총칭해서 부거(芙蕖)라고 했다. '연꽃'의 고어인 '넛곳'은 1517년에 간행된 『번역박통사(飜譯朴通事)』*에 처음 보이며, 사투리는 북한 지방의 넌꽃, 넨꽃, 년꽃 3종뿐이다.

우리가 한 번쯤 들어봤을 소설의 제목에도 연꽃이 등장한다. 바로 「장화홍련전」에 나오는 동생의 이름 '홍련'이 바로 우리가 분홍 연꽃이라 말하는 '紅蓮'이다.

'연(蓮)'은 역사서에서 몇 차례 언급되었다. 김부식의 『삼국사기』에는 연꽃을 부거(芙蕖)라고 표기했다. 『삼국유사』와 『고려사(高麗史)』에 나오는 蓮 자는 대부분 사찰의 이름과 지명이며, 실제 연꽃에 관한 내용은 『삼국유사』에 8회, 『고려사』에 2회 등장하는 것이 전부다. 이런 기록을 통해 삼국시대부터 연꽃을 심은 것을 유추할 수 있지만 꽃의 색상이나 특징에 관한 언급은 없다. 서긍의 『고려도경』에 연꽃에 관한 언급이 있는데, "고려 사람들은 연근(蓮根)과 화방(花房)을 따지 않았는데 그 이유는 불족(佛足)이 탔던 것

---

* 『훈몽자회(訓蒙字會)』를 지은 최세진(崔世珍)이 고려 말기부터 『노걸대(老乞大)』와 더불어 양대 중국어 학습서였던 『박통사(朴通事)』에 원문의 한자에 한글로 독음을 달아 언해한 책.

그림 6-1 홍련
© 조성덕

이기 때문이라고 한다."라는 기록이다.* 서긍의 언급을 통해 당시
송나라에서는 연근과 연밥을 식용했고, 고려인들은 식용하지 않
았다는 것을 추측할 수 있다.

　연(蓮) 자가 포함된 어휘에는 연꽃의 모양과 관련이 있는 연감
(蓮龕: 부처를 모셔놓은 감실), 연루(蓮漏), 연화루(蓮華漏: 연꽃 모양
물시계)가 있으며, 불교와 관련된 연교(蓮教: 불교), 연방(蓮房: 승방),
연화세계(蓮花世界), 연화왕생(蓮華往生), 연화좌(蓮花座: 연꽃 모양
으로 만든 불상의 자리)가 있으며, 미인의 걸음을 의미하는 연보(蓮

---

* 『고려도경(高麗圖經)』 권23 「잡속(雜俗) 2」 '토산(土産)'.

步)*, 재상과 재상의 저택을 뜻하는 연부(蓮府)** 등이 있다. 이외에도 가무와 관련된 것으로 고려 때부터 전해온 궁중무용의 이름인 연화대(蓮花臺)나 연화대무(蓮花臺舞) 그리고 북이나 대나무 조각을 쳐서 가락을 맞춘 민간 가요로 예전에 주로 거지가 주로 불렀다고 하는 연화락(蓮花落)이 있다.

연꽃의 아름다움을 노래하다

연꽃의 아름다움과 향기, 그리 맑지 않은 연못에서 꽃을 피워내는 생태 등은 많은 문인, 선비들로 하여금 다양한 글을 짓게 했다. 조선 중기의 문신 이행(李荇, 1478~1534)은 우거진 연잎 사이에서 아직 피지 않은 붉은 꽃봉오리가 올라오는 모습을 바라보며, 그 줄기 속은 비었지만 단단한 줄기를 진흙이 해칠 수 없으니 사람들이 연꽃을 사랑하는 것은 단지 향기 때문만은 아니라고 연꽃을 찬양했다.*** 조선 후기의 문신 서형수(徐瀅修, 1749~1824)는 수면에만 떠 있는 부평과 봄에만 피는 복사꽃을 언급하며 홀로 아름다운 연꽃이야말로 그 누구도 꾸며낼 수 없는 순결한 바탕을 지

---

* 중국 남조(南朝) 제(齊)나라 때 동혼후(東昏侯)가 금으로 연꽃 모양을 만들어 땅에 깔아놓고 반비(潘妃)에게 그 위를 걷게 한 고사에서 유래했다.
** 대신의 막부(幕府), 즉 정승 대신을 아름답게 이르는 말. 중국 남조 때 왕검(王儉)의 막부를 찬미하여 연화지(蓮花池)에 비유한 말에서 유래했다.
*** 『용재집(容齋集)』 권2 오언율(五言律) 「태액지의 연꽃[太液芙蓉]」.

그림 6-2 연꽃 무늬를 새겨 넣은 고려시대의 수막새

넜기 때문에 북송의 주돈이(周敦頤)가 연못 앞에서 걸음을 멈추었다고 읊었다.*

연꽃의 아름다움을 가장 절절하게 읊은 시는 조선 후기의 문신 장유(張維, 1587~1638)의 「부용(芙蓉)」이다. 그는 이 시에서 연꽃의 아름다움을 지나칠 정도로 세세히 묘사했다. 소박하면서도 은은한 연꽃의 향기가 코끝에서 느껴지는 듯하다. 작자는 진흙 속에서 솟은 가는 줄기에 활짝 핀 연꽃을 마치 군자를 바라보고 있는 것처럼 묘사했다. 이 시를 읽으면 주돈이가 지은 「애련설(愛蓮說)」이 떠오른다 (중국 편 참고).

사람들 현란한 꽃들 좋아하지만	人愛衆卉茂
나는 청수(淸秀)한 연꽃 호감이 가네	我憐芙蓉淸
깊은 못 속에 뿌리박고 우뚝 나와서	亭亭出深沼
물에 씻긴 그 모습 난간을 둘러쳤네	濯濯當回楹
가냘픈 연잎 줄기 곧추서 있고	纖莖立更直

*『명고전집(明皐全集)』 권1 시(詩) 「맑은 물 위로 연꽃이 솟아오르다[淸水出芙蓉]」.

간들간들 꽃가지 기울지도 않는구나	危朶高不傾
속에서 우러나는 그윽한 연꽃 향기	馨香匪外襲
농염한 자태 역시 자연스럽기 그지없네	穠艶眞天成
후조는 꽃이 없어 못내 아쉬웁고	後凋惜無華
벽선은 그저 자신만 꼿꼿한데	碧鮮徒自貞
참으로 군자와 같은지라	亮比君子德
미인의 정 여기에 붙임이 마땅하리	宜寄美人情*

같지만 다른 수련(睡蓮)

수련을 영어로 water-lily라고 하기 때문에 '수련(水蓮)'이라고 오해할 수 있으나, 아침에 피었다가 저녁에 오므라드는 습성 때문에 수련(睡蓮)이라고 불린다. 한국고전종합DB에서 '睡蓮'으로 검색했을 때 수련을 직접 언급한 내용은 이규경(李圭景, 1788~1856)의 『오주연문장전산고(五洲衍文長箋散稿)』에 두세 건이 검색된다. 하나는 「물리상감변증설(物理相感辨證說)」이고 다른 하나는 「금수충어초목병유지각변증설(禽獸蟲魚草木竝有知覺辨證說)」로, 그 내용은 대동소이하다.

이 중 내용을 대구를 맞추어 써서 이해하기 편한 「금수충어초목병유지각변증설」을 살펴보자. 수련과 생태가 정반대인 몽초를

---

* 『계곡집(谿谷集)』 권25, 오언고시(五言古詩) 「부용(芙蓉)」.

대비시켜 그 특징을 이렇게 묘사했다. "수련은 낮에는 피었다가 밤이 되면 물속으로 오므라들고, 몽초(夢草)는 낮에는 오므라들어 땅으로 들어갔다가 밤이 되면 다시 올라온다[睡蓮之晝開 夜縮水底 夢草之晝縮入地 夜卽復出]." 유희(柳僖, 1773~1837)가 1820년대에 저술한 『물명고(物名考)』에는 "밤에 꽃이 가라앉아 물속으로 들어간다[夜則花底入水]."라고 해질 무렵부터 수련이 지는 모습을 묘사했다. 이들 문헌을 통해 볼 때, 수련은 연꽃과는 달리 조선 후기에 전래된 것이 아닌가 조심스럽게 추측해본다.

자형의 변천을 통해 본 허화[荷花]와 롄화[蓮花]

인도로부터 전해진 불교의 영향을 받아 연꽃을 뜻하는 허화[荷花]는 롄화[蓮花]라고도 불린다. 또한 '롄화[蓮華]' '어우화[藕花]' '푸룽[芙蓉]' '푸취[芙蕖]' '한단[菡萏]' 등으로 불리기도 한다. 연(蓮)을 수련(睡蓮)이라고도 하는데, 중국어로는 수이롄[睡蓮]이다. 수이롄[睡蓮] 또한 연을 가리키나, 고대 이집트, 인도, 방글라데시, 멕시코 등으로부터 전해진 수입 품종이다.[2] 따라서 고대 중국에서 연은 허화[荷花] 또는 롄화[蓮花]를 나타내기는 하나 특별히 허화[荷花]를 가리켰다. 고대 이집트, 그리스, 로마의 벽화 등에 등장하는 것이 바로 수이롄[睡蓮]이다. 『시경』에 荷 자가 등장하는데 바로 허화[荷花]를 나타낸다.

『시경(詩經)』「진풍·택피(陳風·澤陂)」:

彼澤之陂, 有蒲與荷[저 연못의 비탈에 부들과 연꽃이 있네].[3]

荷와 蓮의 자형 변화를 통해 고대 중국인들의 사고를 엿보면 다음과 같다.

갑골문	금문	초계간백	설문해자	진계간독	해서
-	-	-	荷	-	荷

그림 6-3 荷의 자형 변화

갑골문	금문	초계간백	설문해자	진계간독	해서
-	-	-	蓮	-	蓮

그림 6-4 蓮의 자형 변화

荷는 형성자로, 의미부인 艹(艸, 풀 초)와 소리부인 何(어찌 하)로 구성된 글자이며, 식물인 연꽃의 잎을 뜻한다. 何(어찌 하)에서 艸를 더해 분화한 글자이기 때문에 '짊어지다'라는 뜻을 가진다. 蓮 자 역시 형성자로, 의미부 艹(=艸, 풀 초)와 소리부 連(잇닿을 련)으로 구성된 글자다.[4] 連 자는 수레가 연이어 지나가는 모습을 표현한 것으로, '잇닿다'나 '연속하다'라는 뜻을 갖고 있다.[5] 연잎이 서

그림 6-5 잎과 꽃이 수면과 떨어진 허화(왼쪽), 잎과 꽃이 수면에 맞닿아 있는 수이롄(오른쪽)
© 조성덕

로 맞닿아 있는 모습을 연상해볼 수 있다.

이처럼 자형을 통해서도 알 수 있듯이, 허화[荷花]와 수이롄[睡蓮]은 그 모습이 다르다. 한국에서도 잎이나 꽃이 수면과 바짝 붙어 있는 연과 수면에서 떨어져 있는 연을 보았을 것이다. 허화[荷花]는 잎과 꽃이 수면으로부터 떨어져 꼿꼿이 서 있는 품종이고, 수이롄[睡蓮]은 잎과 꽃이 수면에 맞닿아 있는 품종이다. 특히 수이롄[睡蓮]은 화색이 다채롭고 아름다워, 맑고 푸른 물속에 있는 아름다운 자태의 소녀를 닮았다 하여 '수중여신(水中女神)'이라고 칭송되기도 한다.[6] 연(蓮)은 부위별로 불리는 명칭이 각각 다르다. 뿌리를 나타내는 연근(蓮根)을 중국어로 롄어우[蓮藕] 또는 허어우[荷藕]라고 하는데, 간략히 어우[藕]라고도 한다. 연잎은 예[葉]

를 붙여 허예[荷葉] 또는 롄예[蓮葉]라고 한다.* 열매 또는 씨는 즈[子]를 붙여 롄즈[蓮子]라고 한다.

허[荷]와 롄[蓮]의 이미지 및 관련 어휘

중국에서 연은 부귀, 고귀, 청결 등의 긍정적인 이미지를 상징하는 것으로 보인다. 외부 세계에 더럽혀지지 않은 사람의 고결한 인품을 형용하기도 한다.

진흙에서 나왔으나 오염되지 않는다[出淤泥而不染].

위의 표현은 중국 북송의 이학자인 주돈이(周敦頤)의 「애련설(愛蓮說)」에 나오는 한 구절이다. 연이 자라는 환경에 빗대어 사람의 고귀한 정신을 표현함으로써 현대 중국어에서도 자주 사용된다.

중국어에는 연과 관련된 롄녠여우위[連年有餘], 둬즈둬푸[多子多福] 등의 축복어가 있다. 중국 전통 문화에서 연꽃과 잉어는 중국인에게 다복을 상징한다. 특히 중국의 설날을 나타내는 춘절

---

* 연근을 지칭하는 롄어우[蓮藕] 또는 허어우[荷藕], 연잎을 지칭하는 허예[荷葉] 또는 롄예[蓮葉], 연을 지칭하는 허화[荷花] 또는 롄화[蓮花] 중에서 현대 중국인들이 일상생활에서 자주 사용하는 어휘는 앞에 등장하는 롄어우[蓮藕], 허예[荷葉], 허화[荷花]다.

　　　　　　　　　　　　　제6장 | 연꽃

그림 6-6 連年有餘를 상징하는 연꽃과 잉어의 그림

(春節)에는 연꽃과 잉어가 함께 등장하는 그림을 집에 붙여놓고는
한다. 이는 연꽃 련(蓮)과 잇닿을 련(連)이 모두 '롄'으로 발음되고,
물고기 어(魚)와 남을 여(餘)가 모두 '위'로 발음되기 때문이다.*

　　롄녠여우위[連年有餘: 해마다 남음이 있다].

　연자(蓮子) 또한 다복(多福)을 상징한다. 연자를 나타내는 롄즈
[蓮子]의 즈[子]가 본래 아들 자(子)의 의미를 나타내기 때문에 연
자가 한데 모여 있는 모습을 통해 자식을 많이 낳으라고 축복할

---

* 동음(同音)이나 소리가 비슷한 경우 이를 통해 특정한 의미를 전달하는 수사 표현
을 해음(諧音)이라 한다.

그림 6-7 다자녀를 상징하는 연자
© 조성덕

때 쓰이는 것이다.

뒈즈뒈푸[多子多福: 다자녀와 다복]

허[荷]와 관련된 어휘로 허바오[荷包]와 허바오단[荷包蛋]을 들 수 있는데, 먼저 허바오[荷包]에 대해 살펴보자. 고대 중국의 의복에는 호주머니가 없었고 주머니를 대신하는 염낭을 만들어 허리에 차고 다녔는데, 이를 허바오[荷包]라고 불렀다. 보통 연꽃을 수놓아 장식했기 때문에 허바오[荷包]라고 한다. 화려하게 수를 놓은 허바오[荷包]는 남녀 간의 애정을 증표하는 산물로 발전했는데, 청대 조설근(曹雪芹)의 소설인 「홍루몽(紅樓夢)」에서는 두 남녀 주인공의 애정의 산물로 등장한다.[7]

제6장 | 연꽃

허바오단[荷包蛋]은 달걀 껍데기를 깨서 노른자를 풀지 않은 채로 끓이거나 기름에 익힌 것을 가리킨다. 허바오단[荷包蛋]의 유래에 대해 달걀 프라이의 모습이 마치 연꽃 모양을 닮아서 달걀을 나타내는 지단[雞蛋]의 단[蛋]을 붙여 표현했다는 설도 있다.[8]

연근을 자르면 끈적끈적한 점액이 실처럼 나오는데, 이런 특성을 통해 끊으려야 끊을 수 없는 혈연관계를 나타내는 성어가 롄어우퉁건[蓮藕同根]이다. 또한 남녀 간의 미련이 남아 계속 관계를 끊지 못하는 것을 가리키는 성어로 어우돤쓰롄[藕斷絲連], 롄돤쓰첸[蓮斷絲牽] 또는 어우돤쓰부돤[藕斷絲不斷]이 있다. 끈끈한 정(情)과 애정(愛情)을 나타내는 유사한 표현들이 유독 많은 것을 알 수 있다.

연꽃잎 모양의 숟가락

일본어로 연은 하스(はす, 蓮)다. 그 어원은 화탁(花托)의 모양이 벌집[蜂巢, はちす]처럼 보인다 하여 하치스(はちす)라고 불렀던 것이 전와(転訛)되었다는 게 통설이다. 연꽃이 등장한 가장 오래된 문헌인 『고지키』에도 하치스[波知須]라고 표기되어 있다. 『고지키』에 따르면 유랴쿠텐노[雄略天皇]가 미와가와[美和川]라는 강에 놀러 갔다가 강가에서 빨래하고 있던 소녀 아카이코[赤猪子]를 보게 된다. 유랴쿠텐노는 그녀의 미모에 한눈에 반해 궁으로 부를 때까지 결혼하지 말고 자신을 기다려달라고 청했다. 그러나 유랴쿠텐

노는 자신이 한 말을 완전히 잊어버리고 만다. 80년이라는 긴 시간이 지난 어느 날, 아카이코가 궁으로 찾아와 그 사실을 말하며 다음과 같은 시를 읊었다.

> 구사카에 연못에 핀 연꽃처럼 젊고 아름다운 사람이 부럽기만 합니다.
>
> [日下江の入江の波知須 花蓮身の盛り人羨しきろかも]

이미 아흔 살이 넘은 아카이코는 유라쿠텐노 옆에 있는 나이 어린 구사카베 황후를 연꽃에 빗대 질투하는 마음을 시로 표현한 것인데, 고대 일본에서 연꽃은 젊음과 아름다움을 상징했다.

렌게[蓮華] 하면 연꽃을 의미하기도 하지만, 연꽃과 수련(睡蓮)을 총칭하기도 한다. 보통 국물 요리를 먹을 때 사용하는 손잡이가 짧은 사기 숟가락을 일본에서는 지리렌게[散蓮華, ちりれんげ]라고 부른다. 꽃잎이 낱개로 흩어진[散り] 연꽃과 모양이 닮아 붙여진 이름인데, 줄여서 '렌게'라고만 부르기도 한다. 또한 제비꽃, 민들레와 함께 일본의 대표적인 봄꽃으로 유명한 자운영(紫雲英)은 별칭으로 렌게소[蓮華草]라고 많이 불린다. 마찬가지로 축약해서 '렌게'라고만 하는 경우도 있기 때문에, '렌게'라고 하면 연꽃을 의미하는지, 자운영을 의미하는지, 혹은 숟가락을 가리키는지 잘 따져봐야 한다.

연(蓮)은 아름다운 꽃의 대명사이지만, 이와는 전혀 다르게 쓰이는 관용구가 있다. 바로 태도나 행동이 경박하고 상스러움 또는

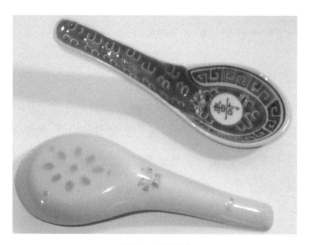

그림 6-8 지리렌게

그런 여자를 가리키는 하숫파[蓮っ葉]라는 말이다. 연잎을 뜻하
는 하스하[蓮葉]가 촉음화된 것이다. 이 표현은 에도시대 때 연잎
파는 일에서 유래한다. '하스노하아키나이[蓮葉商]'라고 불렸는데,
양력 8월 15일을 중심으로 치러지는 일본 명절인 오봉[お盆] 때 음
식을 담기 위한 용도로 연잎을 파는 일을 말한다. 연잎은 딱 이 기
간에만 팔렸는데, 점차 연잎뿐만 아니라 조잡한 물건이나 단기간
반짝 물건을 파는 일을 가리키는 의미로도 사용되었다. 여기서 확
대되어, 에도시대 오사카 등지에서는 도매상들이 고객을 접대하
기 위해 일시적으로 고용한 여성을 하스하온나[蓮葉女]라고 부르
기도 했다. 그러한 연유로 하숫파[蓮っ葉]는 대개 여성을 가리킬
때 사용된다.

로터스(lotus)는 연꽃일까 수련일까?

연꽃은 영어로 lotus다. 영어 lotus는 라틴어 lōtus에서 파생되었으며, 이는 그리스어 lōtos에서 유래되었다. 연꽃과 수련은 모두 수중 식물로서, 영어 lotus는 일반적으로 다양한 수중 식물을 가리키는 데 사용될 수 있다. 오늘날 lotus는 넬럼보속(*Nelumbo*)의 식물, 특히 넬럼보 누시페라(*Nelumbo nucifera*)를 가리킨다. 크고 우아한 연분홍 꽃과 우산 같은 큰 잎, 식용 뿌리가 열리는 넬럼보 누시페라는 '성스러운 연꽃[sacred lotus]' '인도 연꽃[Indian lotus]' 또한 수련과 구분하기 위해 '진정한 연꽃[true lotus]'으로 불린다.

수련[water lily]은 일반적으로 님파이아속(*Nymphaea*)의 식물, 특히 님파이아 로터스(*Nymphaea lotus*)와 님파이아 세룰레아(*Nymphaea caerulea*) 같은 종을 가리키는 데 사용된다. 수련은 인도 연꽃보다 꽃과 잎이 작고 수면 바로 위에 떠 있다.

우리를 혼란스럽게 하는 것은 님파이아속에 속하는 종을 lotus라고 부르는 경우가 있는 것에 기인한다. 님파이아속의 종[species] 중 특히 동아프리카와 동남아시아에서 발견되는 님파이아 로터스(*Nymphaea lotus*)는 '이집트 흰색 로터스[white Egyptian lotus]' 또는 단순히 '로터스(lotus)'라 불린다.

식물학적으로 구분하면, 이 식물은 님파이아속에 속하는 수련[water lily]이다. 연꽃과 다른 종류의 식물이지만, 학명에 lotus가 들어가고 일상에서도 lotus라 불린다.

그림 6-9 이집트 흰색 로터스

이러한 혼용은 영어 lotus의 기원인 그리스어 lōtos로 거슬러 올라간다. 그리스어 lōtos는 수련과 같은 수중 식물뿐만 아니라 수중 식물이 아닌 식물도 포함한다. 예를 들면 매스틱 나무[*Pistacia lentiscus*]는 수중 식물이 아니지만 특히 이 나무의 진[resin]을 나타날 때 lōtos로 언급된다. 또한 대추야자나무[Jujebe tree, *Ziziphus lotus*]도 수중 식물이 아니지만 lōtos로 언급된다.

그리스 어원에서 로터스가 수중 식물이 아닌 열매를 나타내었다는 것을 호메로스의 「오디세이아」에서도 알 수 있다. 오디세우스와 그의 선원들이 귀향하는 길에 만난 로터스 먹는 사람들[Lotus-Eaters]에 관한 에피소드가 있다.

그들은 즉시 출발하여 로터스 먹는 사람들 사이를 돌아다녔다. 로터스를 먹는 사람들은 그들에게 해를 가하지 않았으며, 대신 그들에게 로터스를 먹게 했다. 로터스가 매우 맛있어서 그것을 먹은 사람들은 고향을 걱정하지 않게 되었으며, 심지어 돌아가서 자신들에게 무슨 일이 일어났는지 말하려는 욕망도 떠올리지 않았다. 대신 그들은 로터스 먹는

그림 6-10 테오도르 판 툴텐(Theodoor van Thulden)이 '로터스 먹는 사람들'을 묘사한 판화

사람들과 함께 로터스를 먹으면서 집으로 돌아가는 것을 생각하지 않게 되었다.

이 에피소드에서 lotus eater라고 불리는 사람들은 실제로 연꽃을 먹는 것이 아니다. 여기서 언급된 lotus는 꽃이 아닌 열매를 의미하며, 현재 학자들은 이 이야기 속의 lotus가 실제로는 대추야자[Jujube tree]의 열매와 밀접한 관련이 있다고 추정한다.

연꽃과 관련된 여러 영어 표현들도 있는데, 주로 불교 및 힌두교 사상과 관련된다. 'rise like a lotus'는 '연꽃처럼 떠오르다.'로 어려운 환경에서 성장하고 깨달음을 얻는 것을 비유적으로 나타낸다.

그림 6-11 클로드 모네의 〈수련〉

lotus position은 '연꽃 자세'로. 주로 명상과 요가와 관련되어 무릎을 교차한 가부좌 자세를 가리킨다. 또한 *Lotus Sutra*는 『법화경』(또는 『묘법연화경』)으로 불리며, 힌두교와 불교에서 중요한 경전 중 하나다. 이 경전은 깨달음과 영적 성장에 관한 교리를 담고 있다.

　유럽에서 water lily와 lotus는 문화적 요인으로 인해 때때로 혼용되곤 하지만, 이 두 식물은 사실 서로 다른 문화적 상징성을 가지고 있다. 유럽 문화에서 water lily는 주로 아름다움과 평화로움을 상징하는 반면, lotus는 동양 문화에서 깨달음과 영적 성장을 나타낸다. 예를 들어, 'rise above like a water lily'와 'rise above like a lotus'라는 표현은 양쪽 모두 어려움을 우아하게 극복하는 것을 은유하지만, 'rise above like a water lily'가 영어 사용자에게 더 친숙한 경향이 있다. 이는 lotus라는 단어가 동양 문화와 영적인 측면을 더 자주 연상시키기 때문이다.

　water lily를 묘사한 그림으로 가장 유명한 것은 클로드 모네의 'water lilies' 시리즈일 것이다. 이 시리즈는 모네가 그의 정원을 묘사한 작품으로, 'water lilies'와 물 표면의 변화를 표현한 인상주의 작품이다.

제 7 장

아름다운 꽃과 약으로 쓰이는 뿌리 · **백합**

알쏭달쏭한 백합의 이름들

백합은 백합과(百合科)에 속하는 참나리 계통 풀의 총칭이다. 원산지는 류큐[琉球, 현재 일본의 오키나와]라고 알려져 있으며 관상용으로 많이 재배한다. 백합은 꽃이 뒤로 말리지 않고 나팔 모양으로, 한 개의 줄기에서 많게는 열 송이의 꽃이 핀다. 꽃은 처음에는 하늘로 향하지만 꽃이 커지면서 약간 아래로 휘어지는 것이 일반적이다.

꽃의 색깔이 다양한데, 그중 하얀색이 가장 흔하다 보니 百合의 百을 白으로 혼동하기도 한다. 백합에는 약 10여 개의 비늘이 하나의 구근(球根)을 이루기 때문에 '백합(百合)'이라고 한다. 가끔 월동하다가 얼어 죽는 경우가 있으나 추위보다는 더위에 약하다. 구근은 약재(藥材)와 식재료로 사용한다. 일반적으로 꽃을 백합이라고 하지만 뿌리도 백합이라고 한다.

백합의 이칭으로 개나리꽃, 나라꽃, 나래꽃, 홍압꽃, 나리꽃, 나발꽃, 말맹이, 말매이, 백하비 등이 보인다. 제주도 사투리를 제외

그림 7-1 하나의 줄기에서 많으면 10개의 꽃이 핀다.
© 조성덕

하면 나리, 홍압, 나발, 세 가지 유형으로 분류할 수 있다. 백합이 포함된 속담과 관용구는 우리말샘에 등록되어 있지 않다.

『동의보감』 및 『산림경제』에는 백합(百合)이 한글로 "개나리의 뿌리"라고 설명되어 있다. 그러나 이것은 지금 우리가 알고 있는 작고 노란색의 개나리가 아니다. 아이러니하게도 백합의 원래 이름이 '개나리'였고, 우리가 지금 나리라고 부르는 것이 '참나리'다. 우리나라에서 백합을 '개나리'라고 부른 기록은 고려시대 백비화(白賁華, 1180~1224)의 『남양선생시집(南陽先生詩集)』에서 확인할 수 있다.* 시의 주석에 따르면, 백합의 원래 이름은 '개나리[狗●]'

---

* 『남양선생시집(南陽先生詩集)』 상 「추화선인백합화정최승제(追和先人百合花呈崔承制)」.

였는데 임금이 이렇게 아름다운 꽃에 개[狗] 자가 들어간 것을 안타깝게 여겨 알뿌리 모양을 보고 '백합(百合)'으로 바꾸어주었다고 한다.

약과 음식으로 사용한 백합

백합의 뿌리는 보통 두 가지 용도로 사용하는데, 첫 번째 용도는 병을 치료하는 약재이고, 다른 하나의 용도는 양식을 대체하는 구황 식품이었다. 먼저 백합의 뿌리를 약재로 사용한 처방에 관한 기록은 다음과 같다. 이이두(李以斗, 1807~1873)의 『의감산정요결(醫鑑刪定要訣)』에는 혈(血)을 치료하는 백출산(白朮散)과 삼기산(蔘芪散)을 만드는 데 백합을 사용했으며, 양예수의 『의림촬요』에서는 번열(煩熱)을 치료하고 피 토하는 것을 치료하는 가미궁궁탕(加味芎藭湯), 이해창(頤頷瘡)을 치료하는 백합산(百合散), 폐옹(肺癰)을 치료하는 길경탕(桔梗湯), 부인병의 치료하는 백합탕(百合湯), 소아의 귀흉(龜胸)을 치료하는 백합단(百合丹)과 귀흉산(龜胷散) 등 다양한 처방의 약재로 사용했다.

백합의 뿌리를 재료로 사용한 음식으로는 백합국수(百合국수), 백합면(百合麵), 백합병(百合餅), 백합죽(百合粥)이 있다. 백합과 모양이 비슷해서 이름이 붙여진 갯나리류에 속한 극피동물은 해백합(海百合)이다.

홍만선의 『산림경제』는 허준의 『동의보감』 등을 인용해 백합의

그림 7-2 백합의 싹
© 조성덕

종류를 자세하게 소개했다. 그 내용은, 꽃은 붉은색과 흰색이 있는데, 꽃이 흰 것은 약에 들어가고 꽃이 붉은 산단(山丹)은 약에 들어가지 않으며, 백합은 심은 지 3년 뒤에 캐서 말려서 국수도 만들어 먹으며, 또 백합 뿌리를 캐어 찌거나 삶아서 먹거나 백합죽(百合粥)을 끓여 먹으면 사람에게 보익(補益)이 되며 양식을 끊을 수 있기 때문에 백합을 심어두면 흉년에 기황(飢荒)을 구제할 수 있다는 것이다. 『세종실록』「지리지」에도 경기, 황해도, 평안도에서 생산되는 약재에 "나리뿌리[百合]"가 보인다.

'백합(百合)'이라는 단어는 『삼국사기』와 『삼국유사』, 『고려사』

에는 나오지 않으며, '한국문집총간(韓國文集叢刊)'을 검색하면 백합에 대한 시와 글을 찾을 수 있으나 건수는 매우 적다. 일례로, 정약용(丁若鏞, 1762~1836)의 『여유당전서(與猶堂全書)』에는 참나리와 백합이 함께 언급되는데 참나리가 질 때쯤 백합이 피며, 매실이 익을 때쯤 백합이 만개하고, 작약꽃이 질 때쯤 백합이 피기 시작해 향기를 풍긴다는 내용이다.* 신흠(申欽, 1566~1628)의 『상촌집(象村集)』에도 수양버들의 잎이 노란색일 때 백합꽃이 뜰 앞에 피었다는 내용과 함께 봄에 이슬에 흠뻑 젖은 백합꽃의 모습을 묘사한 글이 있다.** 노수신(盧守愼, 1515~1590)의 『소재집(穌齋集)』에는 시냇가에서 석양에 물든 하늘 아래에서 백합꽃을 바라보는 아름다운 풍경이 그려져 있으며,*** 김육(金堉, 1580~1658)의 『잠곡유고(潛谷遺稿)』에는 파초 잎이 자랄 때쯤 백합꽃이 핀다는 내용이 있다.****

그중 이식(李植, 1584~1647)이 백합에 관해 읊은 시를 살펴보자.

동가마냥 연지 찍어 너무도 빨간 꽃술   施朱太赤似東家

녹색 가지 잎사귀 함께 자랑할 만하다마는   綠葉靑枝並可誇

---

* 『여유당전서(與猶堂全書)』『다산시문집』 권6 시(詩) 송파수작(松坡酬酢) 「위의 운을 다시 사용해서 가뭄을 걱정하여 짓다[再疊爲悶旱作]」.

** 『상촌집(象村集)』 권4 악부체(樂府體)·고악부(古樂府) 「막수악(莫愁樂)」.

*** 『소재집』 권1 시(詩) 「도질소의 시냇가에서[都叱所溪上]」.

**** 『소재집』 권1 시(詩) 「도질소의 시냇가에서[都叱所溪上]」.

그림 7-3 참나리
© 조성덕

| 하루아침 비바람 홍색 자색 떨어지면 | 風雨一朝紅紫歇 |
| 어떻게 이런 춘광(春光) 다시 보이리 | 容渠恁地作年華* |

　위의 시에 보이는 백합은 빨간 꽃술을 가진 자주색 꽃으로 추정된다. 녹색 잎사귀와 자주색 꽃잎이 색의 대비를 보이며, 아름답게 피어 있다가 비바람에 꽃이 진 후 녹색 잎만 덩그러니 남아 있는 모습에서 봄이 지나감을 안타까워하는 시인의 마음이 느껴진다.

---

*『택당집(澤堂集)』권2 시(詩)「일직촌(一直村)의 권씨 별장에서 절물(節物)을 읊은 절구[一直村權氏莊 詠物十二絶]」.

중국에서는 의미가 다른 백합과 백합화

    중국에서 백합(百合)이라고 하면 보통 한국에서처럼 꽃을 의미하는 것이 아니다. 백합은 백합과에 속하는 식물의 뿌리와 줄기 부분인 인경(鱗莖)을 가리키며, 생김새는 마치 마늘 모양처럼 하고 있고 영양이 풍부하여 보통 약재로 쓰인다. 폐를 보호하고 마음을 안정시키는 효과가 있다. 중국에서 백합의 꽃을 의미할 때는 백합화(百合花)라고 해야 한다. 바이허화[百合花]는 백합(百合)에 속하는 식물의 꽃을 가리키는데, 꽃은 보통 관상용으로만 쓰이며 약용 가치도 없고 식용으로 쓰이지도 않는다. 바이허[百合: 백합 뿌리]와 바이허화[百合花: 백합꽃]는 동일한 식물의 다른 부위를 가리킨다.

그림 7-4 약으로 쓰이는 백합(百合)

완전함을 의미하는 바이[百]

백합 하면 새하얀 꽃을 떠올리게 마련이다. 그래서 백합의 한자에 희다는 의미의 바이[白]를 쓸 거라고 생각하기 쉽지만, 바이허화[百合花]는 숫자 100을 의미하는 바이[百]를 쓴다. 한자 바이[百]는 숫자 100을 의미하기도 하지만, 전체, 즉 '일절' '모두'를 의미하기도 한다. 바이허화[百合花]의 뿌리 부분을 가리키는 바이허[百合]가 여러 겹으로 싸여 있는 모습이라, 백년호합(百年好合) 또는 백사합의(百事合意)의 뜻을 가지고 있다.

바이허화[百合花]는 고대 중국에서부터 길상(吉祥)을 의미하는 화초로 여겨져 혼례 때 빠지지 않았다.[1] '바이녠하오허[百年好合]'는 결혼식에서 빠지지 않는 축하어로 쓰이는 성어인데, 두 사람의 사랑이 백 년 동안 변치 않고 지속되기를 바라는 의미다. 백 년은 보통 일생을 의미하므로, 일평생 싸우지 말고 화합하면서 살라는 바람인 것이다. '바이스허이[百事合意]'는 백 가지 일이 마음대로 순조롭게 이루어지기를 바라는 의미로 쓰인다. 즉, 여기서 백 가지 일은 모든 일을 가리킨다. 비슷한 표현으로 우리말의 '만사형통'과 같은 의미인 완스루이[萬事如意]에서도 숫자 10,000을 가리키는 완[萬]이 쓰였다. 바이허화[百合花]의 바이[百]가 가지는 의미로 인해 중국에서는 종종 백합꽃을 꽃다발로 만들어 친구나 연인 등에게 축복이나 성공을 기원하는 뜻으로 보내고는 한다.

바이[百]는 회의자로, 갑골문에서 볼 수 있는 바와 같이 윗부분의 작대기처럼 생긴 일 자 모양은 자[尺]를 가리키고, 아랫부분은 쌀 한 톨을 가리키는데, 자 길이만큼 쌀을 늘어놓은 모양을 의미한다. 고대 중국에서는 기장쌀[黍米] 백 톨을 늘어놓고 그 길이를 '일 척(一尺)'으로 여겼다고 한다.[2] 여기에서 10의 열 배인 100의 개념이 나왔고 점점 '모든 것'을 가리키는 의미로 발전했다.

갑골문	금문	초계간백	설문해자	진계간독	해서

그림 7-5 百 자형의 변천

바이허화[百合花]에 관한 전설

중국에서는 백합꽃과 관련하여 재미있는 전설[3]이 전해지는데, 그 내용은 다음과 같다.

옛날 중국 쓰촨[四川] 일대에 촉(蜀)이라는 나라가 있었다. 국왕과 왕비가 서로 사랑하여 슬하에 백 명의 왕자가 있었다. 나이가 들자 국왕은 젊고 아름다운 후궁을 맞이했는데 이듬해 후궁이 왕자를 낳았다. 국왕은 노년에 아들을 얻은 것을 매우 기뻐해 어린 왕자를 더욱 사랑했다. 그러나 후궁은 자신이 낳은 어린 왕자가 왕위를 물려받으려 해도 왕비가 낳은 백 명의 왕자들을 이길 수 없을 것이라고 생각했다. 그래서 후궁은 왕비가 백 명의 왕자들을 사주하여 반란을 일으키려고 한다고 왕에게 거짓으로 고했다.

　이미 많이 늙은 국왕은 시비(是非)를 가리지도 않고 왕비와 백 명의 왕자를 추방하라고 명령했다. 촉나라의 이웃 나라로 전(滇)이라는 나라가 있었는데, 전나라는 촉나라 땅을 침략하기 위해 호시탐탐 기회를 노리고 있었다. 전나라는 촉나라의 국왕이 자신의 혈육인 아들들을 추방할 정도로 어리석으니 지금 촉나라를 칠 기회가 왔다고 보고, 촉나라로 군대를 보냈다. 촉나라는 본래 강국이었으나 문무(文武) 대신들은 국왕이 눈이 멀어 후궁의 중상모략을 듣고 왕비와 왕자들을 몰아냈다고 하여 국왕을 더 이상 따르지 않았다.

　전세(戰勢)가 전나라에게 유리하게 돌아가자 국왕이 직접 전장에 나갔으나 전세는 불리하기만 했다. 그러던 중 저 멀리서 한 무리의 군대가 맹렬히 적군을 물리치며 구세주처럼 다가왔다. 그리 큰 무리의 군대는 아니었으나 적군을 물리치며 가까이 다가오자 국왕은 놀랄 수밖에 없었다. 바로 국왕이 쫓아낸 백 명의 왕자와 신하들이었다.

　국왕과 후궁은 자신의 잘못을 뉘우쳤고, 왕비와 백 명의 왕자들을 다시 궁으로 불러들였다. 이후 촉나라는 더욱 강성해졌다. 얼마 지나지 않아 신기한 일이 일어났는데, 백 명의 왕자들이 적군과 싸웠던 산 아래, 기이한 식물이 자라났다. 훗날 사람들은 그 식물의 줄기가 층층이 나뉘어 있고, 백 명의 왕자가 힘을 합해 촉나라를 구했다 하여, 형제 간의 단결을 상징하는 백합(百合)이라 이름 지었다. 이후 현대인들 또한 백합(百合)을 백년해로의 의미인 바이녠하오허[百年好和]를 상징하는 식물로 여겼다.

유럽으로 전해진 뎃포유리

일본 고유어로 백합은 유리(ゆり, 百合)다. 그 어원과 관련해서는 백합의 순우리말인 '나리'에서 유래했다는 설(『도가[東雅]』 등), 꽃은 큰데 줄기가 가늘어 바람에 흔들리는 모습 때문에 '유스리(搖すり: 흔듦)'라고 불리던 것이 '유리(ゆり)'로 음변했다는 설(『와쿠게[和句解]』 등) 등 다양하다. 고대부터 관상용 꽃으로 유명해 『만요슈』에도 백합을 소재로 한 노래가 10수 등장하는데, '유리[由里, 由理]' 등으로 표기되었으며 접두어인 '사(さ)'를 붙여 '사유리'로 칭해지기도 했다.

당신의 집 담장 안쪽에서 핀 백합처럼 "나중에 만나요." 한다면 싫다는 것과 같네.
  [吾妹兒之 家乃垣内乃 佐由理花 由利登云者 不欲云二似]*
  WAGIMOKOGA IHENOKAKITSUNO SAYURIBANA YURITOI
  HERUHA INATOIFUNINIRU

---

* 『만요슈』 제8권 1503.

나중을 뜻하는 後의 발음이 '유리(YURI)'로, 백합과 동일한 것을 활용한 노래다. 또한 집 담장 안쪽, 즉 정원에서 재배되는 식물로서의 역사가 매우 길다는 것을 알 수 있다. 특히 에도시대 들어서는 재배 품종이 늘어, 에도시대 유학자이자 본초학자인 가이바라 에키켄[貝原益軒]은 자신의 저서 『가후[花譜]』에 "거의 100종에 이른다. 최근에 백합의 꽃은 세간에서 많이 즐기는 오락거리다."라고 적고 있다.

19세기에 접어들어 일본의 백합은 유럽으로 전해져 주목을 받았는데, 그중에서도 1873년 오스트리아 빈에서 열린 만국박람회에 전시된 뎃포유리[鉄砲百合: 나팔나리]는 구미 지역에서 큰 인기를 얻었다. 뎃포유리는 꽃의 모양이 총부리가 넓은 나팔총을 닮았기 때문에 유래한 명칭인데, 여기서 말하는 뎃포[鉄砲]가 조총을 의미한다고 보는 설이 있다. 또한 조총이 일본에 처음 전래된 다네가시마[種子島]에 많이 자생하는 것과 관련 있다는 설도 있다. 서양에서는 부활절에 특히 많이 사용되어 '부활절 백합[Easter lily]'이라 불리고, 일본의 경우 묘지 앞을 장식하는 꽃으로 유명하다.

릴리(lily), 이상적인 사랑과 순수함의 상징

백합을 가리키는 영어는 lily로, 우아한 모양과 향기로운 향기로 인해 오랫동안 유럽인들의 상상력을 사로잡은 꽃이다. 유럽에서 lily의 어원과 문화적 상징은 이 꽃의 색상과 질감만큼이나 풍

제7장 | 백합

부하다.

lily는 중세 영어 lilie에서 유래했다. 중세 영어 lilie는 고대 영어 līg 또는 līġ에서 비롯되었으며, 이는 라틴어 lilium에서 파생되었다. 라틴어 lilium은 그리스어 leírion에서 차용한 것으로, 모두 백합 또는 백합꽃을 가리킨다. lily의 어원사는 이 꽃이 고대 세계에서 매우 중요했으며, 아주 오래전부터 유럽에서 사랑받아왔음을 보여준다.

그리스 신화에서는 흰색 백합이 헤라(Hera)와 은하수[the Milky Way]의 기원과 관련되어 있다. 헤라는 제우스의 아내로, 바람둥이 제우스는 인간 여성과의 사이에서 낳은 헤라클레스를 불멸의 존재로 만들기 위해 헤라의 젖을 먹이고 싶었다. 그러나 그렇게 하면 헤라의 분노의 사게 될 것을 알아서 꾀를 내 헤라가 잠이 든 동안 헤라클레스를 그녀의 품에 안겨주었다. 그런데 헤라클레스는 무서운 힘으로 헤라의 젖을 빨아먹었다. 그때 흘린 헤라의 젖 중 일부는 우주로 퍼져 은하수가 되었고, 다른 일부는 땅으로 떨어졌는데 거기서 흰 백합꽃이 자랐다는 신화다. 이 이야기는 백합의 흰색과 순수성을 강조하는 동시에, 그것을 신성한 사건 및 모성과 연결한다.

백합이 기독교 성경에서 언급되는 것은 그 상징적 중요성을 더욱 강화한다. 솔로몬의 노래에서 "가시 사이의 백합처럼, 나의 사랑은 딸들 사이에 있다."라는 구절은 백합을 아름다움과 사랑의 상징으로 사용한다. 이 구절에서 백합은 가시가 많은 거친 환경

그림 7-6 〈은하수의 탄생[The Birth of the Milky Way]〉(루벤스 Peter Paul Rubens)

속에서도 자신의 아름다움을 잃지 않는 꽃으로 비유되어, 사랑하는 사람이나 대상이 주변의 어떤 상황이나 다른 사람들 사이에서도 독특하고 눈에 띄는 존재라는 것을 의미한다. '마치 가시 사이에서도 빛나는 백합처럼 특별하다.'는 사랑과 존경의 감정을 표현하는 데 사용되는 강렬한 은유다.

신약 성경에서는 예수가 백합을 자연의 아름다움과 신의 섭리의 본보기로 지적하면서, 백합은 애쓰지 않아도 우아한데 이러한 우아함이 심지어 화려한 의상으로 유명한 솔로몬의 화려함보다 낫다고 강조한다. 이와 관련된 영어 관용구에 'gild the lily'가 있다. 이 표현은 백합이 이미 완벽하게 아름다우므로, 여기에 무엇

그림 7-7 골짜기의 백합

을 더하는 것은 오히려 그 완벽함을 망칠 뿐이라는 뜻이다.

유럽에서 백합 중 매우 다양한 별칭과 상징적 비유를 가진 종은 '골짜기의 백합[lily in the valley]', 한국에서 은방울꽃[*Convallaria keiskei Miq.*]이라 부르는 식물일 것이다.

이 꽃은 봄철에 아름다운 종 모양의 하얀 꽃을 피우고 강한 향기를 발산한다. 주로 숲에서 자라며, 아시아와 유럽의 서늘한 냉대 지역에 널리 분포한다. '골짜기의 백합'으로 알려진 이 꽃은 '5월의 종[May bells]' '성모 마리아의 눈물[Our Lady's tears]' '마리아의 눈물[Mary's tears]' 등 여러 이름으로 불리며, 아폴로에 의해 발견되었다는 전설에 따라 '아폴리나리스[Apollinaris]'라는 명칭으로도 알려져 있다.

'골짜기의 백합[lily of the valley]'이라는 표현은 성경과 문학에서 순수함과 연약함을 나타내는 시적인 상징으로 자주 사용된다. 이 백합은 프랑스 작가 발자크에게 영감을 주어, 그는 자신의 소설에 'Lys dans la vallée[골짜기의 백합]'라는 제목을 붙였다. 백합이 여자 주인공 마리(Marie)의 순수성과 아름다움을 상징한다. 이 꽃은 인

그림 7-8 1836년 발자크의 소설
「골짜기의 백합」에 들어간 삽화

간 감정과 사회적 규범에 대한 탐구에 은유적 배경을 제공한다.

백합은 유럽의 민담 '백합과 장미[The Lily and the Rose]'에도 등장한다. 장미와 백합은 모두 종종 사랑과 관련이 있다. 모든 색깔의 장미(특히 빨간색)는 일반적으로 로맨틱한 사랑의 꽃으로 생각되는 한편, 백합은 종종 '이상적인 사랑'이나 순수하고 진정한 사랑과 관련이 있다. 그래서 미덕을 찬양하기 위한 '백합보다 순수한[purer than a lily]'와 같은 관용구들이 일상언어에서 사용되며 이

꽃의 상징성을 고착화시켰다.

기독교 상징에서 흰색 백합은 자주 성모 마리아[Virgin Mary]와 연관되며, 순수성과 도덕적 무결성의 이상을 나타낸다. 많은 기독교 예술 작품에서 마리아는 종종 흰색 백합과 함께 표현되며, 그녀가 예수를 낳은 순수한 용기를 강조한다.

어원에서 민담, 종교적 글에서 문학 작품까지, 백합은 유럽의 문화적이고 영적인 상징과 비유로 사용된다. 이는 백합의 상징과 비유가 유럽의 다양한 문화와 역사적 배경에서 공감을 얻고 있다는 것을 의미한다.

제 8 장

꼬부랑 할머니의 허리처럼 · 할미꽃

할미꽃의 다양한 이름들

할미꽃의 학명은 *Pulsatilla koreana (Yabe ex Nakai) Nakai ex Mori*다. 이칭으로는 백두옹(白頭翁), 야장인(野丈人), 백두공(白頭公), 노고초(老姑草), 호왕사자(胡王使者), 주문화(注文花), 주지꽃[注之花], 내하초(奈何草) 등이 있는데, 나이가 많은 것과 관련된 이름이 많다. 한반도와 중국의 만주, 러시아 우수리강과 아무르 등지의 산야에 주로 자생한다.

우리나라에 자생하는 할미꽃 종류는 '가는잎할미꽃' '노랑할미꽃' '동강할미꽃'[긴동강할미꽃, 분홍동강할미꽃, 흰동강할미꽃] '분홍할미꽃' '산할미꽃' '세잎할미꽃' 등이 있으며 뿌리는 백두옹 또는 백두옹근(白頭翁根)이라고 하여 약으로 쓰이며, 약용주에 사용하기도 한다. 이 중 가는잎할미꽃은 제주도에 자생하는 종으로, 5월에 분홍색꽃이 핀다. 분홍할미꽃은 북한 지역에 자생하며 꽃을 비롯해 식물체 전체가 작다. 산할미꽃은 함경북도에서 서식하는 종으로, 7월에 암적자색 꽃이 핀다. 세잎할미꽃은 백두산 주변과 만

그림 8-1 할미꽃 새순
© 조성덕

주에서 자라며 꽃은 보라색이고 크다. 한방에서 생약으로 이용하는 '백두옹'은 원래 세잎할미꽃의 뿌리를 일컫는다. 또한 '산할미꽃'은 다른 종과 달리 꽃이 하늘로 향한다.

할미꽃은 특히 무덤가에서 잘 자라는데, 이는 주위에 큰 나무가 없어 햇볕을 받기가 좋기 때문이다. 예전에 소녀들은 할미꽃으로 족두리를 만드는 놀이를 하기도 했다. 할미꽃의 꽃자루를 떼어서 노란 꽃술을 위로 가게 하고 자줏빛 꽃잎을 밑으로 말아 돌려서 조그마한 가시로 꽃잎을 고정시키면 화려하고 예쁜 꽃 족두리가 된다.

할미꽃의 옛말은 '주지곳'(주지꽃)이다. 주지곳은 대략 15세기부터 사용된 것으로 알려져 있다. 주지곳의 '주지'는 사자(獅子)의 함

그림 8-2 고개를 숙이고 있는 할미꽃
© 조성덕

경북도 방언으로, 할미꽃의 갓털이 사자의 갈기와 비슷해서 그런 이름이 붙었다고 한다. 17세기를 전후해 '할미십가비'가 '주지곳'과 함께 사용되다가 19세기 이후 '할미꽃'이 등장한 것으로 보인다.

할미꽃의 사투리는 15종으로 할매꽃, 할미래꽃, 할무대, 할미작치꽃, 핼미꽃, 동동할미꽃, 동두할미꽃, 하부레미꽃, 하불에미장, 하미작시, 쪽두리꽃, 광나니쿨, 하르비고장, 하르비꽃, 하리비고장 등이다.[1] 할미꽃의 이칭은 경북의 쪽두리꽃과 제주의 광나니쿨을 제외하고는 대부분 할머니와 관련된 단어로 구성되어 있으며, 제주도에서는 다른 지역과 다르게 할아버지의 사투리인 '하르비'가 들어간 하르비고장, 하르비꽃, 하리비고장이라고 불리는 것이 특이하다. 허준의 『동의보감』에는 '백두옹' '주지곳,' 즉 '주지꽃' 또는

'할미십가빗 불휘'라고 했으며, 백두옹이라고 이름의 유래에 관해 "줄기 끝에 한 치[寸] 길이의 희고 가는 털이 축 늘어져 있는 것이 '흰머리의 노인' 같기 때문에 이름 지었다."라고 설명했다.

할머니의 넋이 할미꽃을 피우다

할미꽃에 얽힌 전설은 꽃이 고개를 숙이고 피는 모양 때문에 대부분 노인, 그중에서도 할머니와 관련이 있는데, 지역마다 구체적인 내용에는 약간씩 차이가 있다. 세 딸에게 홀대받아 죽어 할미꽃이 된 어머니의 이야기부터 3명의 손녀 혹은 2명의 손녀를 키우던 할머니가 등장하는 이야기도 있다. 다음은 그중 한 이야기다. 옛날 어느 산골 마을에 한 할머니가 두 손녀를 키우고 있었다. 큰 손녀는 얼굴은 예뻤으나 마음씨가 좋지 않고, 작은 손녀는 마음씨는 고왔으나 얼굴이 못생겼다. 이들은 성장하여 큰 손녀는 가까운 마을 부잣집으로 시집가게 되고 작은 손녀는 산 너머 먼 마을의 가난한 집으로 출가하게 되었다. 큰 손녀는 할머니를 마지못해 모셔 갔지만 잘 돌보지 않아 할머니는 굶주리고 서러운 나머지 작은 손녀를 찾아 산 너머 마을로 길을 떠날 수밖에 없었다. 할머니는 산길을 가다가 기진맥진 더 걸을 수 없어서 작은 손녀의 집을 눈앞에 두고 길가에 쓰러져 세상을 떠나고 말았다. 뒤늦게 이 소식을 들은 작은 손녀가 달려와 할머니의 시신을 부둥켜안고 땅을 치며 슬퍼하다 뒷동산의 양지바른 곳에 고이 묻어드렸는데,

그 할머니의 넋이 산골짝에 꽃을 피워 할미꽃이라 한다. 한편, 할미꽃은 이른 봄에 피기 때문에 봄소식을 전하는 식물로 동화나 시에 많이 등장한다.

　초등학교 시절, 산을 넘어 학교로 갈 때 산꼭대기 무덤가에 할미꽃이 피어 만발했다. 지금은 할미꽃의 한자 이름은 '백두옹(白頭翁)'이라는 것을 알기 때문에 그나마 이해가 되지만, 그때는 꽃 이름이 왜 할미꽃일까 참 궁금했다. 할미꽃에 대한 추억이 아른해 도시에 살면서 화단에 할미꽃을 심었더니 야생에서처럼 잘 자라지 않고 금방 죽었다. 이후에 알게 된 사실이지만 할미꽃은 양지바른 곳을 좋아하는데 그늘에서 키웠고, 배수가 잘되는 사질토를 좋아하는데 밭에서 키웠고, 거름이 필요 없는데 거름을 철마다 듬뿍 주었으니 할미꽃이 꽃을 피우기는 고사하고 잎은 마르고 뿌리는 썩어 죽었다.

그림 8-3 꽃잎이 떨어진 할미꽃
© 조성덕

　우리나라에서 할미꽃[白頭翁]에 대한 내용은 김부식이 편찬한 『삼국사기』에 실린 설총의 「화왕계(花王戒)」에 처음 보인다. 이후 조선시대에 「화왕계」의 내용을 언급한 이익 (李瀷, 1681~1763)의 『성호전집(星湖全集)』의 「화왕가(花王

歌)」에서 장미를 포사에 견주어 명철한 부인이라 하고 할미꽃을 명철한 남자에 비유했는데, 이 작품의 병서(幷序)에 설총의 「화왕계」가 실려 있다.* 또한 윤기의 『무명자집』에도 「화왕계」의 내용이 언급되어 있고 후서(後序)에 「화왕계」의 일부를 수록하고 있다.**

한국고전종합DB의 번역문에서 '백두옹(白頭翁)'을 검색하면 주로 의서에 약재로서 할미꽃의 뿌리가 언급된다. 허준의 『동의보감』과 양예수의 『의림촬요』에는 백두옹근(白頭翁根)을 어떤 증상에 처방하는지 설명되어 있고, 조선 세종 때 편찬된 『의방유취(醫方類聚)』에는 백두옹탕(白頭翁湯)과 백두옹환(白頭翁丸)을 사용하는 병명이 보인다. 1433년에 유효통(兪孝通), 권채(權採), 노중례(盧重禮) 등이 편찬한 『향약집성방(鄕藥集成方)』과 『세종실록』 「지리지」 등에서도 약재로서 할미꽃의 뿌리를 언급한 내용이 있다. 이수광의 『지봉집』, 허목(許穆, 1595~1682)의 『기언(記言)』과 이유원의 『임하필기』에는 민간에서 태수가 죽은 이유를 꿈에서 백두옹을 봤기 때문이라고 생각해서 태백사(太白祠)에서 백두옹을 태백산의 신령으로 모신다고 언급한 내용이 있다.

마지막으로, 이수광의 『지봉집』에 실린, 자신의 귀밑머리가 하얗게 변했으나 나만 그런 것이 아니고 꽃 중에도 백두옹이 있다고 위로하는 시를 감상해보자.

---

* 『성호전집(星湖全集)』 권7 해동악부(海東樂府) 「화왕가(花王歌)」.
** 『무명자집(無名子集)』 권6 시(詩) 「영동사(詠東史)」.

새하얀 귀밑머리 낙화풍에 소슬하니	鬢絲蕭瑟落花風
젊은 날 화려함도 한바탕 덧없는 꿈이로다	少日姸華一夢空
청춘은 본디 늙기 쉬움을 알아야 하니	須識靑春元易老
화초 중에도 머리 허연 백두옹이 있다오	草中還有白頭翁

할아비꽃과 직박구리

할미꽃을 중국어로는 바이터우웡[白頭翁]이라고 한다. 중국 북
송 시기에 유한(劉翰)과 마지(馬志) 등의 인물이 편찬한 약물학 저
서 『개보본초(開寶本草)』(973~974)에는 바이터우웡[白頭翁]의 모
습이 다음과 같이 설명되어 있다.

지금 보니 이 풀이 무성하고, 모양이 흰 고사리처럼 부드럽고 가늘게
늘어졌으며, 잎에 줄기대가 자란 것이 마치 살구 잎과 같고, 위쪽에 가늘
고 흰 털이 나 있으며, 뿌리 가까이에는 보송보송한 흰 털이 있다.

[今驗此草叢生, 狀如白薇而柔細稍長, 葉生莖頭, 如杏葉, 上有細白毛, 近根
者有白茸.]

위 저서에 따르면 바이터우웡[白頭翁]은 특징이 그 모양에 있는
데, 흰 수염이나 흰 털 같은 것이 길게 자라 있다는 것이다. 바이터
우웡[白頭翁]을 풀이하면 '흰머리 영감'이다. 웡[翁]은 보통 남자를
가리켜 노인 중에서도 영감을 뜻하고, 웡[翁]과 대조되는 단어가

포[婆]로, 할머니를 가리킨다. 『표준국어대사전』에 따르면 할미는 할멈의 낮춤말로,[2] 늙은 여자가 손자 손녀에게 자기 자신을 이르는 말이고, 반대말이 '할아비'다. 즉 한국에서 할미꽃이라 부르는 식물을 중국에서는 할아비꽃으로 부르는 것이다. 바이터우웡[白頭翁]의 꽃말은 삶의 지혜를 상징하는 노인의 백발처럼 지혜, 재치를 뜻하는 차이즈[才智]다.

바이터우웡[白頭翁]은 식물인 할미꽃을 가리키기도 하지만 조류인 직박구리를 가리키는 단어이기도 하다. 조류 직박구리를 가리킬 때 바이터우베이[白頭鵯]라고 하는데, 머리가 흰 털로 뒤덮인 모습이 마치 백발이 성성한 노인처럼 보인다고 하여 바이터우웡[白頭翁]으로도 불린다. 이 새를 '흰머리 할미' 정도로 직역할 수 있는 바이터우포[白頭婆]로 부르기도 하는데, 할미꽃으로 오해할

그림 8-4 바이터우포

제8장 | 할미꽃

수 있다.

바이터우웡[白頭翁]에 쓰이는 翁(늙은이 옹) 자는 다음과 같은
자형 변화를 거쳤다.

갑골문	금문	초계간백	설문해자	진계간독	해서
-	-	-	翁	-	翁

그림 8-5 翁의 자형 변천

웡[翁]은 형성자로 公(공평할 공)과 羽(깃 우)로 구성되어 있는데,
公은 소리를, 羽는 모양을 나타낸다. 『설문해자』에서는 웡[翁]에
대해 다음과 같이 설명했다.

翁은 목털이다. 羽가 의미부이고, 公은 소리부다.
[翁, 頸毛也. 从羽, 公聲.]

따라서 웡[翁]의 본래 의미는 새의 목 부분의 촘촘히 나 있는 목
털을 뜻했다고 한다.[3] 나중에 웡[翁]이 노인을 가리키게 된 것도
가늘고 하얀 새의 목털이 노인의 희끗희끗한 흰머리를 연상시켰기
때문이다.[4]

약초 할아비꽃

중국에서는 바이터우윙[白頭翁]과 관련해 다음과 같은 이야기가 민간에 전해진다. 복통을 앓고 있던 어떤 사람이 있었는데, 항간에는 이 사람이 당대(唐代) 시인 두보(杜甫)라고 하는 설도 있다. 복통을 심하게 앓는 이 사람을 바이파[白髮: 흰머리]의 라오윙[老翁: 할아비]이 보고는 가엽게 여겨 위쪽에 볼품없이 흰 수염 같은 것이 달린 어떤 식물을 주며, 그 뿌리를 끓여서 복용하도록 했다. 그 잡초 같은 식물 뿌리를 달인 물을 마시자 며칠 뒤 거짓말처럼 병세가 호전되었다고 한다. 그 식물의 모습이 마치 수염 달린 노인 같다 하여 바이파라오윙[白髮老翁: 흰머리 할아비]이라는 단어를 따서 바이터우윙[白頭翁]이라고 불렀다.[5]

중국에서는 할미꽃이 약으로 쓰이는데, 약용 가치가 아주 높은 식물이다. 바이터우윙[白頭翁]의 효능은 '칭러제두, 량쉐즈리[清熱解毒, 涼血止痢]'[6]라고 해서 '열을 내리고[清熱]' '독소를 없애며[解毒]' '피를 차게 해서[涼血]' '설사를 멈추게[止痢]' 하는 것이라고 전한다.

일본어로 할미꽃은 할아버지꽃

일본 고유어로 할미꽃에 해당하는 단어는 오키나구사(オキナグサ)다. 한자로는 翁草라고 적는다. 오키나[翁]는 남자 노인을 가리키므로, 직역하면 할아버지꽃인 셈이다. 중국에서 전래된 한자음에 근거한 일본어 읽는 방식, 즉 음독(音讀)하여 하쿠토[白頭翁]라고 부르기도 한다. 오키나구사는 꽃이 진 후 과실이 생기는데, 그 과실 부분에 하얗고 긴 면모(綿毛)가 있다. 그 모양이 노인의 흰 머리카락 혹은 흰 수염과 비슷하다. 오키나구사와 하쿠토 모두 할미꽃의 과실 모양에서 유래한 명칭이라고 볼 수 있다. 또 그 모양 때문에 네코구사(ネコグサ, 猫草)라는 별칭으로도 불린다. 『만요슈』에도 '네쓰코구사'라는 명칭으로 등장한다.

시바쓰키미우라사키에 핀 네쓰코구사와 같은 그 소녀를 만나지 않았다면 이렇게 그리울까.

[芝付乃 御宇良佐伎奈流 根都古具佐 安比見受安良婆 安礼古非米夜母]*

SHIBATSUKINO MIURASAKINARU NETSUKOGUSA AHIMIZ UARABA AREKOHIMEYAMO

일본 와카의 경우 가케코토바(かけことば)라고 하여 한 말에 두 가지 이상의 뜻이 중첩되는 수사법이 쓰이는데, '네쓰코구사'의 네쓰코는 발음이 동일한 네쓰코[寝つ娘], 즉 동침한 소녀를 지칭한다. 사랑에 빠진 소녀에 대한 그리움을 표현한 시인 것이다. 여기서 네쓰코구사가 무엇인지에 관해서는 여러 설이 있지만 할

---

* 『만요슈』 제14권 3508.

미꽃을 말한다는 설이 일반적이다. 지역별로 오바시라가(オバシラガ: 할머니의 흰머리), 가와라노오바상(カワラノオバサン: 강변의 할머니) 등 재미있는 명칭으로 불렸다. 참고로 마쓰[松: 소나무]나 기쿠[菊: 국화] 역시 오키나구사[翁草]라고 칭해지기도 하는데, 이는 장수를 기원하는 식물로 여겨져 붙여진 별칭이다. 물론 오키나구사의 꽃 모양을 보고 붙여진 별칭도 있다. 오키나구사는 어두운 붉은 보라색의 꽃을 피우는데, 개화할

그림 8-6 노가쿠 작품 〈제카이〉에 등장하는 오오텐구

때는 고개를 숙이고 피지만 나중에는 위로 향한다. 땅을 향해 숙이는 꽃 모양 때문에 붙여진 이름이 바로 제카이소[善界草]다. 일본 전통 가무극인 노가쿠[能樂] 공연 중 〈제카이[善界]〉라는 작품의 등장인물인 오텐구[大天狗]*가 머리에 쓰고 있는 붉은 털인 샤구마[赤熊]와 닮았다 하여 붙여진 명칭이다.

---

* 얼굴이 붉고 코가 높으며 신통력이 있어 하늘을 자유로 날면서 심산(深山)에 산다는 상징적인 괴물인 덴구 중에서도 힘이 으뜸인 덴구.

제8장 | 할미꽃

패스크플라워(pasque flower)를 할미꽃으로 옮길 수 있을까

한국의 할미꽃에 해당하는 서양 꽃은 '패스크플라워(pasque flower)'다. 패스크플라워는 할미꽃과 같은 풀사틸라속(*Pulsatilla*)에 속하지만, 이 꽃은 한국어의 할미꽃과 유사한 의미나 이미지를 가지고 있지 않다. 따라서 이 글에서는 pasque flower를 할미꽃으로 번역하지 않고, 영어 발음 '패스크플라워' 그대로 사용하기로 한다.

pasque flower의 어원은 부활절과의 연관성에서 유래했다. 이 이름은 부활절을 뜻하는 프랑스어 '파크(pâques)'에서 비롯되었으며, '파크(pâques)'는 라틴어 '파스카(pascha)'에서 파생되었다. 라틴어 '파스카(pascha)'는 유대인의 유월절[Passover]을 의미하는 히브리어 '페사흐(Pesach)'에서 기원했다. 라틴어 '파스카(pascha)'는 부활절도 의미한다.

패스크플라워의 학명은 '풀사틸라 불가리스(*Pulsatilla vulgaris*)'다. 패스크플라워는 또한 여러 가지 다른 이름으로 불린다. 독특한 자주색 꽃과 깃털 같은 종자 머리로 잘 알려진 이 꽃은 유럽에서 흔히 발견되기 때문인지 '흔한 패스크플라워[common pasque flower]'라고 불린다. 또는 부활절 시기에 핀다고 해서 '부활절 꽃[Easter flower]'이라 한다. 패스크플라워는 한때는 아네모네종으로 분류되었다. 그래서 아네모네를 뜻하는 바람꽃[wind flower]으로 불리기도 하고, 이 꽃이 목초지에 서식하므로 '목초지 아네모네[meadow anemone]'로 불리기도 한다. 패스크플라워는 특히 북아메리카에서는 '대평원 크로커스[prairie crocus]'로 불린다. 패스크플라워의 여러 이명은 이 꽃의 식물학적 분류를 정확하게 반영한 것은 아니지만, 꽃의 모양, 개화 시기, 서식지 등을 반영한다.

동아시아, 특히 중국과 한국에서의 풀사틸라속과 서양의 풀사틸라속은 각각의 문화에서 가지는 문화적·상징적 의미가 상당히 다르다. 동아시아의 풀사틸라속은 전통 의학 및 지역 민속과 밀접하게 얽혀 있다. 한국의 대표적인 풀사틸라속의 학명은 풀사틸라 코리아나(*Pulsatilla koreana*), 즉 할미꽃이다. 그 이름에서 알 수 있듯이 이 꽃은 노령과 연결된다. 중국의 대표적인 풀사틸라속은 풀사틸라 시넨시스(*Pulsatilla chinensis*)로, 중국에서는 바이터우웡[白頭翁]으로 알려져 있다. 이 또한 백발 노인과 관련된다. 이에 반해 유럽에서 패스크플라워, 즉 풀사틸라 불가리스(*Pulsatilla vulgaris*)는 '노인의 흰머리'와 같은 상징적 의미를 가지지 않는다. 오히려 유럽의 패스크플라워는 그 어원이 말해주듯이 부활절과 관련되고, 종종 '재생' '새로운 시작'과 연결되며, 꽃이 피는 봄을 알리는 꽃으로 알려져 있다.

필립 밀러(Philip Miller, 1691~1771)가 패스크플라워에게 '풀사틸라 불가리스(*Pulsatilla vulgaris*)'라는 학명을 부여하기 전, 이 꽃은 '아네모네 풀사틸라(Anemone pulsatilla)'로 불리기도 했다. 즉 식물 분류학이 발달하기 전 패스크플라워는 아네모네속 풀사틸라종으로 분류되었으나 이후 풀사틸라가 종[species]에서 속[genus]으로

　　　　　　　　　　　　　　　　제8장 | 할미꽃

재분류되면서 패스크플라워는 풀사틸라속 불가리스종이 된다. 즉 과거의 아네모네 풀사틸라는 풀사틸라 불가리스와 같은 식물을 지칭하지만 현재는 후자가 공식적인 이름으로 인정된다.

르네상스 시대의 영국 식물학자 존 제러드는 『약초학』에서 패스크플라워를 꽃의 색에 따라 다섯 종류로 나누어 설명했는데, 밝은 자주색, 밝은 빨간색, 흰색, 어두운 자주색, 노란색이다. 또한, 제러드는 이 꽃이 가진 다양한 이름을 나열했다. 그에 따르면 패스크플라워는 보통 라틴어로 풀사틸라(pulsatilla)라 불리며, 일부에서는 아피움 리수스(apium risus)와 허바 벤티(herba venti), 그리스어로는 아네모네 리모니아(anemone limonia)와 사몰루스(samolus), 프랑스어로는 코퀠루르드(coquelourdes), 영어로는 패스크플라워 또는 파스플라워(passe flower)로 불리고, 케임브리지셔에서는 이 식물을 '코번트리 벨즈(Coventry bells)'라는 코번트리 지역이 들어간 이름으로 불렀다.

밀러가 1754년에 풀사틸라종을 명명하기 이전에, 제러드가 16세기 후반에 『약초학』에서 '풀사틸라(pulsatilla)'라는 용어를 이미 사용한 것을 알 수 있다. 이는 이 용어가 밀러 이전의 식물학자들 사이에서 혹은 특정 지역에서 비공식적으로 사용되었음을 보여준다. 밀러는 식물이 바람에 의해 움직이는 모습을 묘사한 16세기 독일 식물학자 오토 브룬펠스(Otto Brunfels)의 설명에서 '떨리는 것[quiver]'을 의미하는 속명을 채택했다. 일부 저자들은 풀사틸라(pulsatilla)를 여전히 아네모네속(*Anemone*)의 일부로 간주한다

(Oxford Plant 400).

현대 유럽에서 플라틸라속에 는 가장 널리 분포한 불가리스 (*P. vulgaris*), 잎이 큰 그란디스(*P. grandis*), 할레리(*P. halleri*), 알파인 (*P. alpine*)과 같은 다양한 종이 포 함된다. 풀사틸라 불가리스는 가 장 일반적인 패스트플라워로 알 려져 있으며, 이 종은 영국 남부 와 서부 및 북서부 유럽에 자생 한다. 영국에서는 패스크플라워 가 1981년 야생 동식물 및 시골 법에 따라 보호종으로 분류되어 있으며, 자연 서식지에서는 드문 것으로 간주된다. 패스크플라워

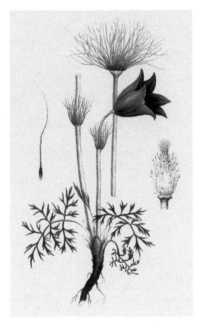

그림 8-7 Carl Axel Magnus Lindman의 *Bilder ur Nordens Flora*에 실린 삽화(1917~1926)

는 이른 봄에 피는 꽃으로 새로운 생명의 시작을 상징하며, 자연 속에 존재하는 탄생, 죽음, 그리고 재생의 끊임없는 주기를 상기시 켜준다. 이것은 과거를 놓아주고 새로운 시작을 받아들이는 것에 대한 강력한 상기가 될 수 있다.

약에만 쓰려 했지만 꽃도 보고

작약(芍藥)은 한국을 비롯해 중국, 일본, 동시베리아 지역에 널리 분포한다. 이칭은 작약화(芍藥花), 산적자, 도지 등이 있다. 이 중 산적자와 도지는 국어사전에 등재되어 있지 않다. 북한에서는 백작약을 '강작약'이라고 부른다. 이외에 작약과에 속하는 낙엽 활엽 관목인 목작약(木芍藥)도 있다. 산작약과 상대적인 개념으로 참작약이라고 한다. 평안도와 함경도에서는 야산에서 자라는 작약을 호작약(胡芍藥)이라고 부른다.

꽃의 색깔에 따라 적작약(赤芍藥), 적작(赤芍), 홍작약(紅芍藥), 홍작(紅芍), 백작약(白芍藥), 백작(白芍)라는 이름으로 불린다. 작약은 꽃이 크고 탐스러워서 함박웃음을 짓는 모습을 연상시켜 '함박꽃'이라고도 불린다.

작약의 옛말은 '샤약'으로, 『훈몽자회(訓蒙字會)』, 『신증유합(新增類合)』, 『언해두창집요(諺解痘瘡輯要)』 등에 모두 동일하게 표기되어 있다. 작(芍)의 고음이 '샥'이므로 '샥약'이 발음하기 편한 '샤

그림 9-1 만개한 작약
© 조성덕

약'으로 변한 듯하다. 작약이 포함된 어휘로는 작약의 가루를 가리키는 작약말(芍藥末) 등이 있다.

약으로 쓰는 작약의 부위는 뿌리로, 해식(解食)이라고도 한다. 꽃의 색뿐 아니라 뿌리의 색깔로 작약을 구분하기도 하는데, 뿌리가 백색인 것은 백작약, 뿌리가 적색인 것은 적작약이라고 한다. 우리나라에서는 주로 뿌리를 약으로 쓰려고 작약을 재배해왔으며, 꽃이 화려하고 아름다워 최근 관상용으로 개발 중이다.[1]

홍만선은 『산림경제』 「치약(治藥)」 조에서 산에서 자란 것을 사용하고 인가(人家)에서 심은 것은 사용하지 않으며, 꽃이 홍색이고 단엽(單葉)인 것이 좋다면서, 적색과 백색(뿌리)의 사용처를 설명했다. 또한 2~3년에 한 번씩 뿌리 가름을 해주어야 아름다운 꽃이 핀다고 했다.

문학 작품에 나타난 작약

그림 9-2 허난설헌의 〈작약도〉

작약은 풍성하고 아름다운 꽃 덕분에 고려시대부터 조선시대에 이르기까지 많은 시인묵객의 사랑을 받았다. 아래는 장유의 『계곡집(谿谷集)』에 나오는 「작약(芍藥)」이라는 시로, 나그네로 지내며 크게 기뻐하거나 웃을 일이 없었는데 작약을 바라보니 시가 저절로 나온다며 작약을 극찬한 시인데, 내용에서 작약을 주로 섬돌 주변에 많이 심은 것을 알 수 있다. 섬돌 위의 작은 적작약이 바람에 나부끼는 것을 시인은 교태를 부린다고 표현했다. '미(媚, 아첨할/예쁠 미)'라는 글자를 통해 시인이 그 모습을 매우 아름답게 보았음을 간접적으로 느낄 수 있다.

섬돌 위에 나부끼는 작약 꽃송이	芍藥翻階上
맑게 갠 날 한들한들 교태 부리네	盈盈媚晚晴
봉지에선 재자들 그대를 노래했고	鳳池才子詠

진수에선 미인의 정 그대에게 붙였어라 　溱水美人情

떨어지는 꽃 이파리 바람 따라 날아가고 　落蕊隨風擧

스러지는 붉은 빛깔 햇빛 받아 타오르네 　殘紅倚日明

나그네 생활 시 지을 뜻 그다지 없었는데 　客中無意緒

그대 모습에 저절로 한 편을 이루었네 　照眼句還成*

　아래의 시는 이규보(李奎報, 1168~1241)의 「취한 서시 같은 작약」과 「붉은 작약」이다. 이 두 작품에서 알 수 있듯이, 작약은 화려하고 탐스러운 꽃송이 때문에 미인의 상징으로 많이 사용되었다. 특히 서시(西施)의 미모에 비유했다.

어여쁘다 무르익은 교태로 온갖 아양 떠는 모습 　好箇嬌饒百媚姿

사람들은 취기 어린 서시라 하네 　人言此是醉西施

이슬에 쓰러진 꽃봉오리 바람 타고 치솟는 품이 　露葩欹倒風擡擧

오궁의 취한 서시 춤을 추는 듯 　恰似吳宮起舞時**

곱게 단장한 두 볼 취한 듯 붉어 　嚴粧兩臉醉潮匀

서시의 옛 모습 전하는구나 　共導西施舊日身

---

* 『계곡집(谿谷集)』 권27 오언율시(五言律詩) 「작약(芍藥)」.
** 『동국이상국후집(東國李相國後集)』 권1 고율시(古律詩) 「취한 서시 같은 작약[醉西施芍藥]」.

웃음으로 오나라를 망치고도 부족하여　　　　笑破吳家猶不足

또다시 누구를 괴롭히려뇨　　　　　　　　　却來還欲惱何人*

　　이유원의『임하필기』에는 황보탁(皇甫倬)과 작약에 관련된 일
화를 고려 후기의 문신 이인로(李仁老, 1152~1220)의『파한집(破閑
集)』을 인용하며 소개했다. "황보탁은 열 번이나 과거를 보아 비로
소 급제하였다. 의종(毅宗)이 상림원(上林苑)에 놀이를 나가서 작
약꽃을 구경하다가 시 한 편을 지었는데 모시는 신하들 중에 여기
에 차운하는 자가 없었는데 그때 황보탁이 시를 지어서 올리자 의
종이 매우 칭찬하고 나중에 그가 관직(館職)에 의망(擬望)되었는
데, 이때 임금이 '이 자가 바로 그 작약 시를 지어서 올렸던 자가
아닌가.' 하고는 그를 동관(東館)에 두도록 명하였다."**『파한집』에
실린 황보탁의 시는 다음과 같다.

　　누가 꽃이 주인이 없다고 하는가　　　　誰道花無主

　　임금님이 매일 친히 와 보시거늘　　　　龍顏日賜親

　　철 따라 첫 여름을 맞으면서　　　　　　也應迎早夏

　　저 홀로 남은 봄을 치다꺼리하는 듯　　獨自殿餘春

---

* 『동국이상국전집(東國李相國前集)』권16 고율시(古律詩)「붉은 작약[紅芍藥]」.

** 『임하필기(林下筆記)』권12 문헌지장편(文獻指掌編)「작약(芍藥) 시(詩)에 대한 응
제(應製)」.

졸던 낮잠이 바람결에 깨이고	午睡風吹覺
새벽 단장이 빗물에 지워졌네	晨粧雨洗新
궁중의 여인이여 질투를 말게나	宮娥莫相妬
아무리 닮아도 진짜는 아니라네	雖似竟非眞

그러나 서거정의 『동문선(東文選)』에는 황보탁이 지었다는 이 시가 고려시대 조통(趙通, ?~?)이 지은 것으로 되어 있다. 여기에서 언급한 시는 누가 지었느냐를 떠나서 작약의 아름다움을 묘사한 아주 뛰어난 작품이라고 할 수 있다. 봄에서 여름으로 넘어가는 계절에 홀로 빼어난 붉은 작약이 봄바람 불고 새벽비 내린 후 물방울이 꽃잎에 맺힌 모습이 상상이 된다.

꽃의 신선이자 재상, 사오야오[芍藥]

작약은 중국어로 사오야오[芍藥] 또는 홍야오[紅藥]라고 한다. 재배 역사가 4,900년을 훨씬 넘어, 가장 이른 시기에 재배된 꽃이라고 한다.[2] 또한 중국에서는 메이[梅: 매화], 란[蘭: 난초], 허[荷: 연꽃], 쥐[菊: 국화], 무단[牡丹: 모란], 사오야오[芍藥: 작약]를 6대 명화(六大名花)라고 하는데, 사오야오[芍藥]는 그 위치가 상당히 높은 꽃으로 알려져 있다. '꽃의 신선'이라는 뜻의 화셴[花仙], '꽃 중의 재상(宰相)'이라고 해서 화상[花相], '오월의 화신'이라는 뜻의 우웨화선[五月花神]이라는 표현이 모두 작약을 가리키는 말이다.

고대 중국에서는 왕족들이 정원 가운데 무단[牡丹: 모란]을 심고 그 주변에 사오야오[芍藥]를 심었다고 한다. 이로 인해 무단[牡丹]은 '왕권(王權)'을 상징하고, 사오야오[芍藥]는 제왕 아래 재상의 권력을 뜻하는 '상권(相權)'을 상징하게 되었다. 따라서 무단[牡丹]은 꽃의 왕을 뜻하는 화왕[花王], 사오야오[芍藥]는 꽃의 재상인 화상[花相]이라 일컬어졌는데, 이 두 꽃을 함께 가리켜 화중얼옌[花中二豔: 꽃 중의 두 가지 아름다움]이라고 했다.

이처럼 사오야오[芍藥]는 무단[牡丹]과 달리 제왕을 떠받드는 신하의 위치처럼 아름다우면서도 중국인들에게 훨씬 친숙한 꽃이었다. 당나라 시인 맹교(孟郊)는 「간화(看花)」에서 사오야오[芍藥]에 관해 묘사했는데, 집집마다 있어서 사람들의 사랑을 듬뿍 받는 아름다운 꽃이었음을 보여준다.

집집마다 작약이 있어, 부드럽고 온화한 아름다움에 이르는 것을 방해하지 못하고.

[家家有芍藥, 不妨至溫柔.]

화려하고 아름다운 사오야오[芍藥]는 고대에서부터 중국인들의 많은 사랑을 받은 꽃으로, 그 품종이 많고 이름도 다양했다.『시경』「정풍(鄭風)·진유(溱洧)」에는 고대 남녀가 사랑의 증표 또는 이별의 증표로 사오야오[芍藥]를 선물로 주며 그 마음을 표현했다 하여 장리차오[將離草: 이별을 맞이하는 풀] 또는 리차오[離草: 이별

풀]라고 불리기도 했다.

> 남정네와 여인네 서로들 노닥이며 작약을 선물로 주고받는구나.[3]
> [維士與女, 伊其相謔, 贈之以芍藥.]

예로부터 사랑의 꽃이었던 사오야오[芍藥]는 현재는 중국의 밸런타인데이로 볼 수 있는 치시제[七夕節: 칠석절]를 대표하는 꽃이기도 하다. 꽃말도 '자태가 아름다워 사람의 마음을 움직이게 한다.'라는 뜻의 메이리둥런[美麗動人], '떠나가기 아쉬워하다.'라는 뜻의 이이부서[依依不捨] 또는 난서난펀[難捨難分]이다.

아낌없이 모두 주는 사오야오[芍藥]

민간에 전해지는 전설에 따르면, 사오야오[芍藥]와 무단[牡丹]은 모두 본래는 식물이 아니었다고 한다. 인간 세상에 온역(溫疫)이 돌자 옥녀(玉女: 중국 신화 전설 속의 선녀) 혹은 화신(花神: 중국 민간 신앙에서의 꽃신)이 세상을 구하기 위해 서왕모(西王母: 중국 신화 속의 불로장생 약을 지키는 여신)의 선단(仙丹)을 훔쳐 인간 세상에 뿌렸는데, 그 결과 일부는 나무인 무단[牡丹]으로 변하고, 일부는 풀인 사오야오[芍藥]로 변했다. 그래서 사오야오[芍藥]에는 약을 뜻하는 야오[藥]가 붙었다고 전한다.[4] 그래서인지 중국에서 사오야오[芍藥]는 약용, 식용, 관상용으로 모두 재배되는데, 특히 '바이사

그림 9-3 사오야오의 종즈

오[白芍]'라고 부르는 뿌리는 그 약용 효과가 뛰어나다고 한다. 특별히 전통[鎭痛: 통증 진정], 전징[鎭痙: 경련 진정], 취위[祛瘀: 어혈 해소], 퉁징[通經: 생리불순 해소]에 효과가 있다고 한다. 사오야오[芍藥]의 종즈[種子: 씨앗]는 25퍼센트 정도의 지방을 가지고 있어서 비누를 만들거나 도료용으로 사용된다. 또한 죽으로 만들어 먹기도 하는데, 설사를 멈추는 데 효과가 있다고 하여 이 죽 이름을 퉁세저우[痛瀉粥]라고 부른다.

작약을 의미하는 한자 사오[芍]의 자형 변화를 살펴보면 다음과 같은데, 해서에 이르러 지금의 사오[芍]와 같게 되었다.

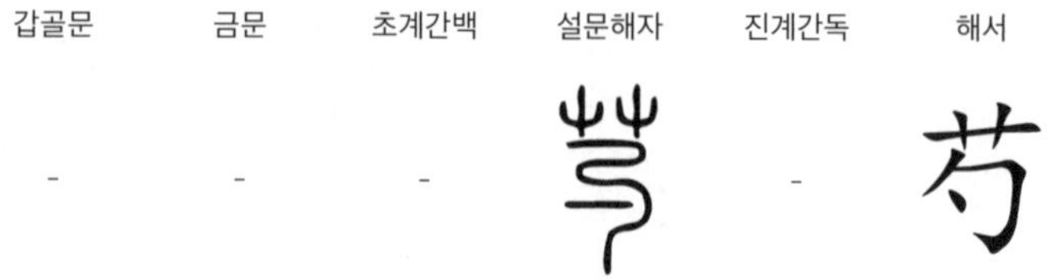

갑골문	금문	초계간백	설문해자	진계간독	해서

𦬒 - 芍

그림 9-4 芍의 자형 변화

『설문해자』는 芍 자를 아래와 같이 설명했다.

> 올방개[鳧茈]를 말한다. 초(艸)가 의미부이고 작(勺)이 소리부다. 독음
> 은 호(胡)와 료(了)의 반절이다.
>
> [鳧茈也. 从艸勺聲. 胡了切.]

즉, 사오[芍, 함박꽃 작]가 지금
은 작약을 가리키지만, 고대 중국
에서 사오[芍]는 올방개를 가리키
는 글자였다.

사오야오[芍藥]를 묘사한 시로,
당나라의 문인 한유(韓愈)의 「작
약(芍藥)」이 있다. 시에서 한유는
작약 꽃 향기에 취해 마치 신선의
궁전에 있는 듯한 환상을 느꼈음
을 그리고 있다.

그림 9-5 올방개

제9장 | 작약

넓은 꽃잎 진한 향기 이전에 본 적 없네 　　　　　浩態狂香昔未逢

빛나는 붉은 꽃잎이 마치 홍등과 같고 그 아래 파란 잎이 받치고 있네

　　　　　　　　　　　　　　　　　紅燈爍爍綠盤龍

잠에서 깨어나 작약꽃을 바라보니 황홀하여 정신이 몽롱하네

　　　　　　　　　　　　　　　　　覺來獨對情驚恐

이 몸이 하늘의 몇 번째 신선 궁전에 와 있는 것인가

　　　　　　　　　　　　　　　　　身在仙宮第幾重

아름다운 꽃의 대명사, 샤쿠야쿠(シャクヤク)

일본어로 작약은 샤쿠야쿠(シャクヤク, 芍藥)인데, 이름에서 알 수 있다시피 약초로 이용된 식물이다. 일본에는 오래전 중국에서 들어와 소염이나 진통에 효과가 있는 약초로 이용되었다. 일본 고대 의약서인 『혼조와묘』(918)에는 작약을 이국에서 온 약이라는 의미의 '에비스구스리[衣比須久須利, エビスグスリ]'로 표기했던 만큼 약초로서의 이미지가 강했다. 관상용으로 재배된 것은 에도시대 이후인데, 차를 마시며 다도를 즐기는 공간을 장식하는 꽃인 다화(茶花)로 유명해져, 이때부터 다양한 품종이 개량되기 시작했다.

'다테바 샤쿠야쿠 스와레바 보탄 아루쿠스가타와 유리노 하나[立てば芍藥座れば牡丹歩く姿は百合の花]'라는 관용구가 있는데, 직역하자면 '서면 작약, 앉으면 모란, 걷는 모습은 백합'이다. 아름다

운 여성의 용모와 걸음새를 꽃에 비유하여 형용하는 말로, 에도시대 문헌에도 등장한다. 작약은 오래전부터 모란, 백합과 함께 아름다운 꽃의 대명사로 여겨졌다. 이와 관련해 작약은 꽃 생김새[貌]가 뛰어나다[佳い] 하여 가오요구사[貌佳草]라는 이칭으로도 불린다. 현대 일본어에서는 대부분 영어 명칭을 그대로 활용한 피오니(ピオニー)로 칭한다. 참고로 크리스마스 로즈로 더 알려진 헬레보루스는 일본에 메이지시대에 수입되었는데, 꽃 모양이 작약과 닮았으며

그림 9-6 에도시대 후기의 화가 다니 분초[谷文晁]의 병풍화에 그려진 작약

개화 시기가 추운 초봄이라고 하여 간샤쿠야쿠[寒芍薬]라는 일본명이 붙었다. 간샤쿠야쿠 역시 다도 공간을 장식하는 다화로 인기가 많았다.

에도시대 때 관상용으로 개량된 종은 꽃꽂이 형식과 구성이 간결하고 여백의 미가 돋보이는 다화의 특성상, 주로 홑꽃인 비교적 깔끔한 품종이 많았다. 이들을 와샤쿠야쿠[和シャクヤク: 일본 작

제9장 | 작약

약]라고 부르는 한편, 유럽에서 들어온 품종은 꽃잎 수가 많아 화려하며 향기가 비교적 강한 편이었는데, 이들을 요샤쿠야쿠[洋シャクヤク: 서양 작약]라고 불러 둘을 구분했다.

에도시대 유명한 작약의 품종 중에 히고샤쿠야쿠[肥後芍藥]가 있다. 구마모토번[熊本藩, 당시 이름은 히고肥後]을 다스리던 번주(藩主) 호소카와 시게카타[細川重賢, 1720~1785]는 평소 박물학에 깊은 관심을 가지고 무사들에게 원예를 장려했으며 약초 농원인 반지엔[蕃滋園]을 설립하기도 했다. 특히 6종의 식물을 재배하며 품종 개량에 힘썼는데, 이를 히고롯카[肥後六花: 히고 지역의 6종의 꽃]라고 총칭했다. 6종에 해당하는 꽃은 히고쓰바키[肥後椿: 동백꽃], 히고샤쿠야쿠[肥後芍藥: 작약], 히고하나쇼부[肥後花菖蒲: 붓꽃], 히고아사가오[肥後朝顏: 나팔꽃], 히고사잔카[肥後山茶花: 산다화], 히고기쿠[肥後菊: 국화]다. 이 중 작약인 히고샤쿠야쿠는 대표적인 약용 식물로서 반지엔에서 가장 일찍부터 재배되었다.

에도시대 때 작약이 점차 관상용으로 유명해지면서 구마모토 번사(藩士: 번 소속 사무라이) 나카세 스케노신[中瀬助之進]은 작약의 품종 개량에 힘썼는데 많았을 때에는 100여 종에 달했다고 한다. 다년간 축적한 재배법과 관상법을 정리해『작약화품평론(芍藥花品評論)』이라는 책을 1795년 저술하기도 했다. 근대 이전까지만 해도 히고롯카는 가렌[花連]이라 칭해지는 보존단체에 의해 가문 밖으로 품종이 유출되지 않도록 엄격히 관리되었다고 한다.

피오니(peony), 신화와 민담 속 치유의 식물

작약을 가리키는 영어 peony의 어원은 그리스어 Paián, 치유의
신과 연결된 고대 그리스어 paiōnía에서 유래한 라틴어 paeōnia로
거슬러 올라간다. peony라는 이름은 고대 그리스어에서 치유의
신을 뜻하는 파이안(Paián)에서 시작되었다. 이 단어에서 파생된
파이오니아(paiōnía)라는 단어가 라틴어로 피오니아(paeōnia)가 되
면서, 현재 우리가 사용하는 피오니(peony)라는 이름이 되었다.

피오니라는 이름은 이 꽃이 많은 질병을 치료할 수 있다는 전통
적인 믿음에서 비롯된 것이다. 그리스 신화에서 치유의 신인 아스
클레피오스(Asclepius)는 제자인 파이온(Paeon)이 하데스를 치유하
자 이를 질투하여 파이온을 죽이려고 했다. 이에 제우스가 파이온
을 작약으로 변신시켜 구했다. 영어 피오니(peony)는 그리스 신화
에서 작약을 최초로 약으로 사용한 파이온에서 유래한 이름으로,
이 단어의 어원에는 치유자[healer]의 의미가 담겨 있다.

작약과 모란은 모두 피오니아속(*Paeonia*)에 속하지만 서로 다른
종이다. 그러나 두 식물의 꽃의 구조가 비슷하기 때문인지 영어에
서는 둘 다 peony로 불린다. 이들을 엄격히 구분하면, 작약은 영
어로는 '피오니 약초[herbaceous peony]' '피오니 식물[plant peony]'
로 불린다. 학명은 '피오니아 락티플로라(*Paeonia lactiflora*)'로, 겨울
동안 땅 위의 부분이 죽고 봄에 다시 자라는 다년생 식물이다. 전
통 중국 의학에서는 주로 뿌리를 약재로 사용한다. 모란은 영어로

'피오니 나무[tree peony]' 또는 '중국 피오니[Chinese peony]'로 불린다. 학명이 '피오니아 수프루티코사(*Paeonia suffruticosa*)'인 모란은, 작약과는 달리 겨울 동안 지상부가 죽지 않고 살아 있는 관목이다. 영어권에서는 모란과 작약을 구분하기 위해 tree와 Chinese를 사용하여 모란을 지칭하고, herbaceous 또는 plant를 사용하여 작약을 나타내기도 한다.

작약과 모란이 유럽에 유입된 시기는 상당히 차이가 있다. 작약은 peony의 어원에서 알 수 있듯이 유럽에서 고대부터 알려져 있었으며, 그 의학적 용도는 그리스 및 로마 학자들에 의해 기록되었다. 모란은 18세기까지 유럽에서 잘 알려지지 않았다. 1800년대 초 탐험가들에 의해 발견된 후 조경용 식물로서 인기를 끌기 시작했다.

중세 유럽에서는 작약에 암수 구분이 있다고 생각했다. 이 시기에는 '서명의 교리[Doctrine of Signatures]'라는 고대 철학이 흔히 받아들여졌다. 중세 유럽인들은 피오니아 오피시날리스(*Paeonia officinalis*)는 암컷 작약으로, 피오니아 마스쿨라(*Paeonia mascula*)는 수컷 작약으로 구분했다. 이러한 구분은 실제 생물학적 성별이 아닌 식물의 물리적 특성과 인지된 약리학적 성질을 바탕으로 한 것이었다. 지금은 이러한 구분이 유효하지 않다. 식물 종의 성별 구분은 자연 현상에 인간의 특성을 부여해 이해하고 분류하는 더 넓은 패턴의 일부였다.

작약[peony]과 관련이 깊은 상상 속의 식물로 아글라오포티스

그림 9-7 제러드의 『약초학』에 실린 수컷 피오니아(좌)와 암컷 피오니(우)

(Aglaophotis)라는 것이 있다. 이 전설의 식물은 다양한 민속과 고대 문헌에서 약성 또는 마법적인 성질이 있다고 알려져 있다. 그이름은 고대 그리스어에서 유래했으며, aglaos는 '밝은' 또는 '화려한'을, photon은 '빛'을 의미하여, 특별하거나 특별한 성질을 가진 식물을 시사한다. 아글라오포티스는 치유 능력에서부터 악령을 물리치거나 저주를 푸는 능력에 이르기까지 다양한 능력을 가진 것으로 여겨졌다.

　이 아글라오포티스가 때때로 작약[peony]과 동일시되었다. 이는 작약이 약초학에서 역사적으로 사용되어온 데다 크고 화려한 꽃을 가진 작약이 아글라오포티스에서 상상되는 '화려한' 또는 '마법적인' 식물의 역할과 잘 어울리기 때문이다. 물론 아글라오포티스는 전설의 식물로서 신화와 민담의 산물이다. 이것이 작약과 동일하다는 주장은 대체로 추측과 상징에 기반을 둔 것으로, 구체적인 증거는 찾기 어렵다.

존 제러드의 『약초학』 380장 "Of Peionie"에 따르면, 두 종류의 아글라오포티스가 있다. 이 물질들은 발광의 특성을 지녔다고 믿어져, 고대와 중세 전설에서 마법적이거나 신비한 특성과 종종 연관되었다. 그중 작약과 관련 있는 것은 지상의 아글라오포티스, 즉 시노스파스투스(Cynospastus)다. 이 지상의 아글라오포티스는 낮에는 다른 약초들과 구분되지 않지만, 밤에는 별처럼 빛나기 때문에 쉽게 볼 수 있다고 알려져 있다. 제러드는 이 특정 유형의 약초가 작약[Paeonia]과 동일시되며 어두운 밤에 촛불처럼 빛나는 것으로 묘사한다.

이 흥미로운 묘사는 관찰과 민속 이야기가 혼합된 것으로 보인다. 고대 그리스 식물학자인 테오프라스토스(Theophrastos)와 플리니우스(Plinius)의 기록에서 밤에 작약을 수확한다고 한 것은 식물의 발광과 관련이 없고 약용이나 미신에 기반을 둔 것으로 보인다. 현대 식물학은 작약 씨앗이나 작약의 어떤 부분도 발광한다고 믿지 않는다. 그러나 당시 유럽에서는 이러한 미신이 존재했던 것으로 보인다.

제임스 조지 프레이저(James George Fraser, 1854~1941)는 자신의

글 「야곱과 맨드레이크(JACOB AND THE MANDRAKES」(1917)에서 작약일 것으로 추정되는 맨드레이크 뿌리를 채취하는 것과 관련된 민속 전승을 다루고 있다. 이러한 신화에 따르면, 작약은 맨드레이크처럼 강력한 성질을 가지고 있으며, 작약을 채집하기 위해서는 특별하고 위험할 수도 있는 방법이 필요하다고 여겼다. 작약의 뿌리는 신비로운 특성을 가진 것으로 생각되어 사람이 직접 접촉해 채취하는 것이 해롭거나 불길하다고 여겨졌기 때문에 이를 캐내기 위해 개를 이용했다. 민속 전승은 더 나아가 새벽의 첫 빛이 개에게 닿으면 개가 죽게 된다고 했다. 이러한 믿음은 아마도 식물의 강력한 힘과 채집 과정에 관련된 위험을 강조하는 데 사용되었을 것이다. 개가 죽은 후에는 그 자리에 묻어야 하며, 비밀스러운 의식을 동반해야 한다고 믿었다. 이 의식들이 완료된 후에야 채집가들이 안전하게 작약 뿌리를 다룰 수 있다고 믿었다. 이런 이야기들은 식물학과 마법, 미신이 고대부터 현대에 이르기까지 얼마나 깊이 얽혀 있는지를 보여주는 예다.

작약은 여러 가지 다른 이름으로 알려져 있으며, 이는 역사적이고 지역적인 변화를 반영한다. 작약의 다른 이름으로 알려진 것이 몇 가지 있다. peony는 가장 흔하고 현대적인 이름으로, 라틴어와 그리스어에서 유래했다. 다른 철자로는 라틴어 paeōnia에 더 가까운 paeony가 있다. 오래된 텍스트나 특정 영어권 지역에서 piney(파이니), piony(파이오니) 등의 철자가 발견된다. 이와 같은 철자의 변화는 작약의 역사, 문화 교류, 시간이 지남에 따른 언어의 발전을 반영한다.

『옥스퍼드영어사전』에 따르면, chesses라는 단어가 영어에서 1657년부터 1879년 사이에 작약을 가리키는 데 사용된 역사적인 이름이었다. 하지만 시간이 흘러 peony라는 용어가 더 널리 쓰이게 되면서 chesses는 점차 사용되지 않게 되었다. 역사적 맥락에서 식물들이 다양한 이름을 가지는 것은 흔한 일이었으며, 이는 종종 지역 방언, 전통적 사용 또는 언어적 변형에서 유래했다. chesses라는 작약의 이름은 이러한 지역 방언 또는 식물에 대한 민속적 이름에서 유래했을 수 있다. 이러한 명명의 변화는 식물학적 명명법이 오늘날처럼 표준화되지 않았던 시대에 흔한 일이었다.

chesses에서 peony로의 전환은 영어의 더 넓은 발전 추세를 반영한다. 많은 식물 이름들이 오래된 영어나 다른 지역 방언에서 유래한 것이 라틴어나 그리스어에서 파생된 이름들에 의해 결국 대체되거나 가려졌으며, 이는 특히 식물학이 더 공식화되고 국제적으로 인정받게 되면서 일어난 일이다.

작약의 문화적 역사는 그것의 꽃잎처럼 풍부하고 다층적이다. 고대 신화에서 뿌리를 내린 그 이름은 신의 치유, 식물의 예술성 및 언어와 자연의 경이로움이 얽힌 이야기를 담고 있다. 전 세계 정원에서 작약이 계속 피어나듯이, 그 이야기도 계속 펼쳐지고 있다. 이는 인간 상상력에서 작약이 가지는 지속적인 매력을 증명한다.

제
10
장

선비들의 사랑을 받은 지조의 상징 · **매실나무**

매(梅)와 매화(梅花)가 포함된 어휘들

매실나무는 중국의 쓰촨성과 후베이성이 원산지로 알려져 있으며, 우리나라에서는 주로 전남, 전북, 경남, 충남, 경기 등에서 재배하고 있다. 매실은 수확 시기에 따라 청매와 황매로 나뉘는데, 껍질이 파랗고 과육이 단단하며 신맛이 가장 강할 때 딴 것을 청매라고 한다. 황매는 노랗게 익은 열매로 향기가 매우 좋으며, 과육이 부드러워 물러지기 쉽다. 꽃은 향기가 강하며, 매실은 처음에는 초록색이었다가 7월쯤이면 노란색으로 변하며 매우 시다. 매실로 담근 매실주는 소화를 돕고 피로 회복에 효과가 있는 것으로 알려져 있다.

꽃을 보기 위해 심을 때는 매화나무, 열매를 얻기 위해 심을 때는 매실나무라고 부른다. 매실(梅實)을 매자(梅子)라고도 부른다. 산미가 강해 날것으로 사용하지 않고 주로 술(매실주), 장아찌, 엑기스 등으로 만들어 사용한다. 매실주는 보통 도수가 높은 담금주에 담가두었다가 100일이 지나면 마실 수 있다. 기호에 따라 설

그림 10-1 홍매화
© 조성덕

탕을 넣기도 하고, 감초를 넣기도 한다. 매실은 보통 파란색일 때 사용하기 때문에 값이 저렴한 살구를 섞어서 팔기도 했다. 또한 과육이 익기 전에는 모양이나 색이 살구와 비슷해 일반인은 먹어 보기 전에는 구분하기가 쉽지 않다.

우리나라에서는 삼국시대부터 재배를 시작한 기록이 남아 있다. 눈이 다 녹기도 전에 꽃을 피우는 매화를 설중매(雪中梅)라 고도 부른다. 사군자(四君子)에서 매화는 봄의 시작을 알리는 꽃 이자 지조와 절개의 상징으로 받아들여졌다. 추위라는 시련을 견 디고 꽃을 피우는 매화를 불의에 굴하지 않는 선비정신과 유사 하다고 여겼기 때문이다. 특히 퇴계 이황(李滉, 1501~1570)은 매화

제10장 | 매실나무

에 관한 100여 편의 한시를 남길 만큼 각별한 애정을 가진 것으로 유명하다.

'매(梅)'자가 들어간 어휘는 다른 식물에 비해 여러 분야에서 다양하게 사용된 것을 확인할 수 있다. 먼저 날씨와 관련된 어휘로, 매실이 노랗게 익는 계절과 관련해 늦은 봄이나 초여름에 내리는 비를 매우(梅雨) 혹은 황매우(黃梅雨), 매자우(梅子雨), 매화비라 하고, 매실이 누렇게 익을 무렵에 음산한 비가 내리는 계절을 매우절(梅雨節), 장마철의 날씨를 매천(梅天), 이른 봄과 초여름 바람을 매풍(梅風), 초여름을 매하(梅夏), 봄소식을 매신(梅信), 음력 4월을 매월(梅月)이라고 부른다. 매실의 색깔로 구분하는 어휘로, 5월에 황색(黃色)의 매실을 따서 불에 쬐어 말리거나 또는 연기에 쐬면 매실의 색이 검은빛으로 변하기 때문에 오매(烏梅)라고 부르며, 매실을 변색이 되지 않게 말린 것을 백매(白梅)라고 한다. 매화가 핀 숲을 매림(梅林), 매화같이 붉은색을 매홍(梅紅)이라고 하며, 매실즙은 매장(梅漿), 좋은 친구와의 약속을 매화약(梅花約), 매화가 피는 시기의 잔치를 매화연(梅花宴)이라고 하며, 방 안에서 매화 화분을 보호하기 위해 만든 작은 온실을 매합(梅閤), 매감(梅龕), 매각(梅閣)이라고 부른다.

매(梅)가 들어간 어휘로 음식과 관련된 매화 강정, 매화꽃 송편, 매화떡, 매화 산자, 매화차, 매화죽(梅花粥), 매화주(梅花酒), 매실주(梅實酒)가 있으며, 식물 이름으로는 매화노루발, 매화마름, 매화말발도리를 비롯해 꽃 모양이 매화를 닮아서 붙여진 이름으로 매

그림 10-2 조선 초기에 제작된 매화무늬 철화백자

화초(梅花草), 금매화(金梅花), 옥매화(玉梅花), 황매화(黃梅花), 물매화(물梅花) 등이 있으며, 동물과 관련된 이름으로는 매화닭이 있다. 바둑에서 상대에게 포위된 말의 빈 집 여섯 개가 열십자 모양으로 있을 때를 이르는 매화육궁(梅花六宮), 매화 무늬를 점으로 찍어서 그린 무늬인 매화점(梅花點), 도자기의 잿물에 금이 굵게 나도록 만든 문양을 매화편문(梅花片紋), 다섯 꽃잎의 매화 모양으로 얽어 맺은 납작한 매듭을 매화매듭, 비녀 머리에 매화 무늬를 새겨 만든 비녀를 매화잠(梅花簪), 아가리가 작고 어깨 부분은 크며 밑이 홀쭉하게 생긴 병을 매병(梅瓶)이라고 부른다. 또 임금이 사용하는 휴대용 변기를 가리키는 매화틀이라고 했다. 등불놀이가 끝나면 붉은 종이로 만든 통 같은 것을 양쪽 뜰에 각

각 10여 군데 세워놓고 그 통 아가리에 불을 붙이면 광염(光焰)이 사방으로 흩어지면서 천지를 뒤흔드는데, 이를 매화포(梅花砲)라 한다. 梅 자가 들어가지만 이유를 알 수 없는 매독(梅毒), 양매창 (楊梅瘡)도 있으나, 대부분의 어휘가 매화의 모양과 색깔, 꽃을 피우는 장소, 날씨 등과 관련되어 있다.

매화가 피기를 기도하며

조선 후기의 문신 김종수(金鍾秀, 1728~1799)의 『몽오집(夢梧集)』에는 매화가 피기를 간절히 바라는 시인의 마음을 표현한 시가 실려 있다. 첫 번째 수에서 시인은 작은 방에 매화 화분을 두고 아이처럼 매일매일 상태를 살피며, 꽃이 늦게 피면 늦게 질 거라 자조적으로 생각한다. 두 번째 수에서는 매화를 심고 시를 지으려고 들떠 있던 기분은 가라앉으나 그래도 피지 않는 꽃을 탓할 없으니 꽃이 피면 한꺼번에 많은 시를 쓰겠다고 다짐한다. 세 번째 수에서는 꽃이 피지 않는 이유가 날이 추워서라고 생각해서 담요로 감싸고 휘장까치 쳐서 추위를 막았더니 매화가 보답이라도 하듯 드디어 가지에서 듬성듬성 꽃이 피는 것을 보고 감격한 시인의 목소리가 들린다.

작은 방에 매화를 넣어두고 날마다 엿보지만　　小閣藏梅日日窺
봄의 마음 아득하여 보아도 알기 어렵네　　春心漠漠看難知

| 계절은 재촉할 필요 없으니 | 天機不用相催促 |
| 늦게 피면 또한 늦게 지겠지 | 好是開遲落亦遲 |

올해는 매화 시를 읊으려고 마음먹었지만	今年準擬賦梅花
매화가 피지 않으니 이를 어찌하겠는가	梅不開花可奈何
매화의 소식을 물으려 새론 시를 지으니	新詩爲問梅消息
매화가 필 때에는 시가 더욱 많아지리	花到開時詩更多

담요로 감싸고 수놓은 휘장으로 매화를 따뜻하게 둘러쌌더니

	氍毹繡帳煖圍梅
몇 군데 꽃송이가 차례로 피어나네	幾處繁英取次開
북쪽 산 눈보라 속에	誰識北山風雪裏
고생하며 길러서 꽃망울 얻을 줄을 누가 알았으랴	養渠辛苦得花胎*

중국 매실나무 메이슈[梅樹]의 분포

　매실나무는 중국어로 메이슈[梅樹]라고 한다. 매실나무에서 자라는 꽃은 메이화[梅花]이고 과실은 메이즈[梅子]다. 매화는 다양한 품종이 있고 화려한 꽃과 강한 내한성을 가지고 있어 예로부터 중국인들이 사랑해온 정원 식물이다. 매화는 중국에서 유래한

---

* 『몽오집(夢梧集)』 권1 시(詩) 「매화가 피지 않아[梅花不開]」

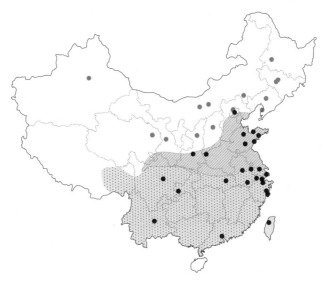

그림 10-3 중국 매실나무 분포도

것으로, 야생 살구에서 진화했다. 약 3,000년 전 중국인들은 야생 살구를 길들이기 위하여 재배하거나 꽃을 감상하는 품종으로만 사용했는데, 후베이[湖北] 서부와 쓰촨[四川] 동부로 이주하여 재배 및 길들이기를 거쳐 얼음과 눈 속에서도 꽃을 자랑하는 매화 품종으로 발전했다. 개화기는 겨울과 봄이며, 열매 맺는 기간은 5~6월이다.

중국에서 매실나무의 분포를 살펴보면, 중국 각지에서 재배되고 있지만 장강(長江) 유역 이남의 성(省)이 가장 많고 장쑤[江蘇]*

---

* 약칭은 '蘇(sū)'라고 하며, 성도(省都)는 난징[南京]이다.

북부와 허난[河南] 남부에도 몇 가지 품종이 있으며 일부 품종은 화북(華北)*에서 성공적으로 이식되었다. 〈그림 10-3〉에서 빗금을 친 것은 매실나무 이식 재배 지역이며, 작은 점은 매실나무 자연 분포 지역이다. 짙은 색 동그라미(●)는 매실나무 분포지이며, 옅은 색 동그라미(●)는 매실나무를 다른 장소로 이전 귀화**한 실험지다.

중국어 매실나무 메이[梅]의 자형 변화와 관련 성어

매실나무를 뜻하는 중국어 메이[梅]의 자형 변화를 살펴보면 아래와 같은데, 해서에 이르러 지금의 메이[梅]와 같게 되었다.

| 갑골문 | 금문 | 초계간백 | 설문해자 | 진계간독 | 해서 |

그림 10-4 梅 자형의 변천

『설문해자』에는 아래와 같이 설명되어 있다.

---

* 중국의 북부인 허베이[河北]·산시[山西]·베이징[北京]·톈진[天津] 일대.
** 원산지가 아닌 지역으로 옮겨진 동식물이 그곳의 기후나 땅의 조건에 적응하여 번식하는 일.

'매화나무(枏)'를 말한다. 열매는 먹을 수 있다. 목(木)이 의미부이고 매
(每)가 소리부다.* 매(楳)는 혹체자**인데, 모(某)로 구성되었다. 독음은
막(莫)과 배(桮)의 반절이다.[2]

[枏也. 可食. 从木每聲. 楳, 或从某. 莫桮切.]

메이[梅]와 관련된 성어로 '매림지갈(梅林止渴)'이 있다. 매실나
무 숲이 있다고 하여 목마름을 해소하게 한다는 뜻으로, 거짓 희
망이나 일시적인 대용품으로 문제를 해결함을 이르는 말이다. 남
북조시대 문학가인 유신(庾信)이 쓴 『잡곡가사(雜曲歌詞)』의 「출자
계북문행(出自薊北門行)」이라는 제목의 오언고시에 "매림능지갈,
복성가방병(梅林能止渴, 複姓可防兵)"라고 나온다. 여기서 복성(複
姓)은 북방 선비족들의 두 글자 성씨를 뜻한다. 즉 대부분 북방 출
신인 위나라 장병들이 매림 이야기를 듣고서 갈증이 해소되어 방
병(防兵)의 역할을 할 수 있었다는 이야기다.

이 성어는 송나라 유의경(劉義慶)이 후한(後漢) 말부터 동진(東
晉)까지의 영웅호걸들 일화를 편집해 만든 『세설신어(世說新語)』

---

* 木(나무 목)이 의미부이고 每(매양 매)가 소리부로, 매화나무(木)를 말하며 그 열매
인 梅實(매실)을 지칭하기도 한다. 원래 木이 의미부이고 某(아무 모)가 소리부인 구조
였는데, 지금의 자형으로 바뀌었으며, 每는 달리 母(어미 모)로 바꾸어 楳로 쓰기도
한다. 또 楳, 槑 등으로 쓰기도 한다.[1]
** '혹체자'란, 허신(許愼)이 『설문해자』에서 '중문(重文)'의 글자 형태와 구조를 해
설하면서 '혹종(或從)'이라는 표현을 사용한 글자를 가리킨다.

「가휼(假譎)」편에서 유래했다. 위나라 왕 조조는 자신을 배신하고 유표(劉表)의 연합군에 합세한 장수(張繡)를 정벌하기 위해 병사를 이끌고 행군했는데, 매우 무더운 가운데 식수가 떨어져갔다. 싸움을 벌이기도 전에 병사들은 하나둘씩 쓰러지며 전의를 상실해갔다. 이때 조조는 꾀를 내어 병사들에게 "저 앞에 넓은 매화 숲이 있는데 그 매실은 아주 시고도 달아 그대들의 갈증을 풀 수 있을 것이다[前有大梅林 饒子甘酸 可以解渴]."라고 했다. 그러자 매실의 신맛을 떠올린 병사들의 입에 침이 고여 갈증을 참을 수 있었다는 이야기다.

메이[梅]와 관련된 언급은 유학(儒學) 오경(五經)의 하나이자 공자가 요임금과 순임금 때부터 주나라에 이르기까지의 정사(政事)에 관한 문서를 수집해 편찬한 책인 『서경(書經)』에서도 볼 수 있다. 『서경』「열명(하)(說命下)」에 고종(高宗)이 재상 부열(傅說)에게 "너는 짐의 뜻을 가르쳐서 만약 술과 단술을 만들거든 네가 누룩과 엿기름이 되어주고, 만약 간을 맞춘 국을 만들거든 네가 소금과 매실이 되어야 한다[爾惟訓于朕志 若作酒醴 爾惟麴糵 若作和羹 爾惟鹽梅]."라고 했다. 여기서 소금과 매실을 뜻하는 '염매(鹽梅)'는 음식의 간을 맞추는 조미료의 역할을 했다고 한다. 매실나무의 열매인 매실은 예로부터 여러 방면에서 중국인들의 삶에서 활용돼 온 것을 사료를 통해 알 수 있다.

일본 문화에서 빠질 수 없는 매화와 매실

일본어로 매실은 우메(うめ)라고 읽고 한자로는 梅라고 쓴다. 매실나무 자체 혹은 그 과실을 가리킨다. 헤이안시대[平安時代, 794~1185] 이후에는 '무메(むめ)'로 표기된 예도 많았다. 매실나무는 '우메노 키[梅の木]', 매화는 '우메노 하나[梅の花]' 혹은 바이카[梅花]라고 쓴다. 우메의 어원에 관해서는 다양한 설이 있는데,『일본국어대사전(日本国語大辞典)』에 따르면, 중국에서 들어올 때 매실을 훈증한 약재인 우바이[烏梅]의 형태로 전래되었기 때문에 그 중국어 발음을 '우메'로 들었던 것에 유래했다는 설, 익은 열매라는 의미의 우무미(うむみ, 熟実)에서 약전(約轉)*되었다는 설 등이 있다.

매실나무를 칭하는 이명이 많은데, 니오이구사[匂草], 가자미구사[香散見草], 고바에구사[香栄草] 등 모두 향기가 좋아 붙여진 이름이다. 또 초봄, 다른 꽃보다 먼저 개화한다고 하여 '하나노 아니[花の兄]' '하쓰나구사[初名草]'라고도 불린다. 일본 문헌 중에는 나라시대[奈良時代, 710~794]에 편찬된 한시집(漢詩集) 『가이후소[懐風藻]』(715)에 梅라는 한자가 처음 등장한다. 매화는 오래전부터 시제(詩題)로 애용되었으며, 『만요슈』에는 매화를 소재로 한 노래

---

* 둘 이상의 음절이 이어질 때, 한쪽의 모음 또는 음절의 탈락에 의하여 음이 줄어드는 현상.

가 100수 넘게 수록되어 있다. 이는 『만요슈』에 수록된 식물 중 하기[萩: 싸리]에 이어 두 번째로 많은 것이다. 특히 매화와 관련된 32수가 별도로 묶여 있을 만큼 매화는 봄을 상징하고 봄에 자주 언급되는 봄의 계절어다. 다음은 32수를 소개하는 서문 중 일부다.

> 초봄의 좋은 시기에, 공기는 맑고 바람은 부드럽다. 매화는 거울 앞에서 단장하는 흰 분처럼 하얗게 피어나고 난초는 향주머니처럼 향기롭다.
>
> [初春令月, 気淑風和, 梅披鏡前粉, 蘭薫珮後之香.]*

여인이 거울 앞에서 단장하기 위해 사용하는 흰 분처럼 초봄에 하얗게 피어난 정원의 매화를 소재로 한 시 32수를 소개하는 서문인데, 2019년 5월부터 일본의 새 연호로 사용된 레이와[令和]가 이 서문에서 따왔다고 해서 유명해진 대목이다. 한편 봄의 계절어인 매화지만, 간바이[寒梅: 겨울에 피는 매화], 소바이[早梅: 일찍 핀 매화] 등 눈과 함께 등장하는 겨울의 시어이기도 하다. 한편, 마찬가지로 봄을 알리는 전령사로 유명한 휘파람새[鶯, 우구이스 ɯᵷᵘ ᵢ ᶳ 라고 읽음]는 매화와 함께 한 쌍으로 자주 등장하는 시의 소재다.

---

* 『만요슈』 제5권 梅花歌三十二首 序文.

우리 집 매화 아래 가지에서 놀면서 휘파람새가 우네요. 지는 것이 아쉬워.

[和我夜度能 烏梅能之豆延尔 阿蘇i都々 宇具比須奈久毛 知良麻久乎之美]*

휘파람새와 매화는 시뿐만 아니라 그림에서도 한 쌍의 조합으로 종종 등장하며 '우메니 우구이스[梅に鶯: 매화에 휘파람새]'하면 조합이 좋은 잘 어울리는 것을 비유한다. 비슷한 표현으로 '모미지니 시카[紅葉に鹿: 단풍에 사슴]' '마쓰니 쓰루[松に鶴: 소나무에 학]' '야나기니 쓰바메[柳に燕: 버드나무에 제비]' 등이 있다.

매실나무의 열매인 매실도 일본 식문화에 있어 매우 중요하다. 매실을 절여서 만든 우메보시[梅干し]는 도시락이나 주먹밥 속에 넣어 먹는 일본의 대표적인 서민 음식 중 하나다. 본래는 약으로 사용되다가 센고쿠시대[戦国時代, 1467~1573] 전장에서 병사들이 먹는 휴대용 군용식량으로 우메보시가 들어간 주먹밥이 애용되었다. 이후 무사들뿐만 아니라 일반 서민들이 매실을 절여서 만들어 먹기 시작한 것은 에도시대부터다. 약용으로 만들기 시작한 우메보시는 오래전부터 질병을 예방하는 건강식품으로서의 이미지가 강했다. '우메와 소노히노 난노가레[梅はその日の難逃れ: 매실(우메보시)을 먹으면 그날의 재난을 피할 수 있다]'나 '반차우메보시이샤이라즈[番茶梅干し医者いらず: 우메보시 넣은 반차를 마시면 의사도

---

* 『만요슈』 제5권 0842.

필요 없다]'라는 관용구에서처럼 지금도 가정 내 상비약으로 애용된다.

또 일본에는 '도요노우시노히 [土用の丑の日]'라는 날이 있다. 우리로 따지면 복날과 비슷한 날이다. 도요[土用]는 오행(五行)에서 말하는 토기(土氣)가 성하다는 절기로, 입춘(立春), 입하(立夏), 입추(立秋), 입동(立冬) 네 차례의 각 18일 동안을 말한다. '우시노히[丑の日]'는 십이간지 중 우시[丑: 소]에 해당하는 날로, 도요노우시노히[土用の丑の日]라고 하면 도요[土用]의 기간 중 소의 날이라는 의미다. 이때 보양이 될 만한 음식들을 먹는데, 예부터 발음에 '우(う)'가 들어가는 음식을 먹으면 좋다는 풍습이 있어 대표적으로 우나기(うなぎ: 장어)를 먹었다. 그 밖에도 우동(うどん), 우리(うり: 참외) 같은 음식을 먹었고 우메보시도 그

그림 10-5 우타가와 히로시게(歌川広重)의 〈우메니 우구이스[梅に鶯]〉

제10장 | 매실나무

그림 10-6 일본 전통 상차림과 우메보시

중 하나다.

플럼(plum)은 자두인가 매실인가 건포도인가?

매화나무의 학명은 프루누스 뮤메(*Prunus mume*)로 알려져 있으며, 이 나무는 봄철에 아름다운 꽃을 피우고, 그 후에 매실이라고 불리는 작은 과일을 맺는다. 매실은 자두[plum]나 살구[apricot]와는 다른 종류의 과일이지만, 매실을 영어로 나타내기 위해 이미 존재하는 영어 단어인 plum과 apricot을 사용한다. 매실은 일반적으로 Korean green plum 또는 Japanese apricot이라고 불린다.

영어에서 plum은 아르메니아가 원산지로 알려진 apricot보다 오래된 유래를 가지고 있다. 매실은 영어권 문화에서 특별한 어휘적 배경을 가지고 있지 않다. 이에 반해, 유럽산 자두[*Prunus domestica*]인 plum은 오래전부터 사용되어 왔다.

영어 단어 plum은 여러 언어를 거쳐온 역사를 통해, 이 과일의 전파와 재배의 역사를 드러낸다. 이 단어는 고대 영어의 plume에서 그 뿌리를 찾을 수 있으며, 이는 다시 라틴어의 prunum에서 유래했다. prunum이라는 라틴어는 그리스어 prunon에서 유래된 것으로 추정되며, 이는 동일한 과일을 가리키는 말이다.

지금은 '플럼(plum)'과 '프룬(prune)'의 어형이 다르지만 사실상 두 단어는 동일한 어원을 가진다. 프룬은 본질적으로 말린 자두로, 특히 당분 함량이 높은 자두 품종에서 나온다. 이 목적으로 자주 사용되는 품종은 '프룬플럼(prune plum)' 또는 '아쟁 프룬(prune D'Agen)'이다. 영어에서 prune은 고대 프랑스어 prune에서 유래했으며, 이는 다시 라틴어 prunum에서 비롯되었다. 이 라틴어 용어는 또한 영어 plum의 어원이기도 하다.

영어에서 'full of prunes'라는 표현이 있다. 프룬(말린 자두)은 섬유질이 많이 함유되어 있어 소화를 촉진시켜 변비에 좋은 식이 요법으로 종종 권장된다. 프룬(말린 자두)의 배변 효과와 관련된 관용적인 표현 중 하나는 "Prunes keep things moving"이다. 이 표현은 프룬이 소화 시스템을 자극하여 배변을 촉진한다는 사실을 은유적으로 나타낸다. 'full of prunes'는 지나치게 에너지와 활기로

그림 10-7 체스터 굴드의 1940년대
만화 〈딕 트레이시〉 시리즈의
표지(좌)와 프룬페이스(우)

가득 찬 상태에 있는 사람을 가리키는 재미있고 익살스러운 표현
이다.

　체스터 굴드(Chester Gould)에 의해 창작된 만화 〈딕 트레이시
(Dick Tracy)〉에는 프룬페이스(Pruneface)라는 이름의 가상 악당 캐
릭터가 등장한다. 이 캐릭터는 젊음에도 불구하고 매우 깊은 주름
이 진 얼굴을 가지고 있으며, 이 주름이 말린 자두, 즉 프룬의 주
름진 모습과 유사하다고 여겨져 Pruneface라는 이름이 붙여졌다.
그러나 pruneface라는 단어는 속어로, 일상생활에서 일반적으로
사용되는 표현은 아니다.

　아마도 플럼과 관련된 가장 매력적인 문화적 요소 중 하나는

유아 동요인 〈리틀 잭 호너(Little Jack Horner)〉일 것이다. 이 동요
는 크리스마스 파이를 즐기고 있는 어린 잭이 엄지손가락으로
플럼을 꺼내며 "나 참 착한 아이야!"라고 외치는 이야기를 담고
있다.

리틀 잭 호너

구석에 앉아 있었지,

크리스마스 파이를 먹으며

그는 엄지손가락을 넣어,

플럼을 꺼냈지,

그리고 말했어, "나 참 착한 아이야!"

동요 〈리틀 잭 호너〉에서 잭이 크리스마스 파이에서 꺼낸 '플럼
(plum)'은 실제로 신선한 자두를 의미하지 않는다. '플럼 푸딩(plum
pudding)'이나 '크리스마스 푸딩(Christmas pudding)'에서 말하는 '플
럼(plum)'은 건포도나 다른 건조 과일을 가리키며, 과거에는 '플럼'
이라는 단어가 다양한 종류의 건조 과일을 포함하여 사용되었다.
반면, '프룬(prune)'은 말린 자두를 의미하는 단어로, 말린 자두를
'플럼(plum)'이라고 부르지는 않는다.

플럼은 어원에서 시작해 문화적 상징에 이르기까지 다양한
이야기를 통해 그 가치를 드러낸다. 'prune-faced'부터 'full of
prunes'에 이르고, 〈리틀 잭 호너〉부터 크리스마스 푸딩에 이르기

그림 10-8 동요 〈리틀 잭 호너〉가 실린
1860년의 출판물

까지, 그것은 변화와 즐거움을 상
징하며 언어, 민속 그리고 전통
속에서 그 지속적인 중요성을 표
시한다.

참고 문헌

| 들어가며 |

1   劉夙,『植物名字的故事』, 人民郵電出版社, 2013, 9쪽.

| 2장 |

1   우리말샘.

2   우리말샘.

| 3장 |

1   다음백과; 한국민족문화대백과사전; 국립생물자원관 생물다양성정보; 우리주
변식물 생태도감; 국립중앙과학관 야생화 과학관.

2   우리말샘.

3   http://www.baiven.com/baike/220/260132.html.

4   네이버 지식백과 '벼' (https://terms.naver.com/entry.naver?docId=576135&cid=466
40&categoryId=46640).

5   編委會編,『新華大字典』, 商務印書館國際有限公司, 2011. 王朝忠,『漢字形義
演釋字典』, 四川辭書出版社, 2006.

6   http://www.guoxuedashi.net/zidian/ziyuan_492.html).

7   『新華大字典』編委會編,『新華大字典』, 商務印書館國際有限公司, 2011, 163쪽.

8   王朝忠,『漢字形義演釋字典』, 四川辭書出版社, 2006, 1226쪽.

9   『漢語大詞典』工作委員會.『漢語大詞典』. 漢語大詞典出版社. 1991. 125쪽.

10 『現代漢語詞典(第7版)』.

| 4장 |

1   국립중앙과학관 야생화 과학관; 다음백과; 꽃과 나무 사전; 우리주변식물 생태도감 참고.

2   우리말샘.

3   https://wenku.baidu.com/view/63f101111411cc7931b765ce050876323012741e.html?_wkts_=1699696414754&bdQuery=%E5%90%91%E6%97%A5%E8%91%B5%E8%BF%9B%E5%85%A5%E4%B8%AD%E5%9B%BD%E5%8E%86%E5%8F%B2&needWelcomeRecommand=1.

4   허신 저, 하영삼 역, 『하영삼 교수의 완역설문해자1(하)』, 도서출판3, 2022, 128쪽.

5   谷衍奎, 『漢字源流字典』. 語文出版社, 2008, 1381쪽.

6   위의 책, 1381쪽.

7   http://db.cyberseodang.or.kr/front/search/contentsLink.do?mId=A&srchIdx=2&srchCondition=2&srchKeyword=%E9%9D%91%E9%9D%91%E5%9C%92%E4%B8%AD%E8%91%B5&srchCbId=&srchBnCode=&srchCodeType=&facetBnName=&facetCbName=&bnCode=jti_4c0501&titleId=C54.

8   『新華大字典』編委會, 앞의 책, 483~484쪽.

9   네이버 지식백과 '예루살렘 아티초크' (https://terms.naver.com/entry.naver?docId=911424&cid=48180&categoryId=48248).

| 5장 |

1   위키백과 '올리고세' 참고.

2   허신 저, 하영삼 역, 앞의 책, 283쪽 참고.

| 6장 |

1   약생양술대전; 국립중앙과학관 야생화 과학관; 한국민족문화 대백과사전; 우리주변식물 생태도감' 국립수목원 국가생물종 지식정보.

2   李敏, 「荷花與睡蓮不該混為一談」, 『綠色中國』(16): 66-71, 2022.

3   漢語大詞典編纂處, 『漢語大詞典(第7卷)』, 上海辭書出版社, 2021, 418쪽.

4   하영삼, 『한자어원사전』, 도서출판3, 2021, 885쪽.

5 https://hanja.dict.naver.com/#/entry/ccko/d4be0085b0314188abeb361c8dd
ee7d7/learning.

6 湯秋雁,「荷花與睡蓮」,『河南農業』(01): 59-60, 2014.

7 百度百科 (https://baike.baidu.com/item/%E9%A6%99%E5%8C%85/5229880?fro
mtitle=%E8%8D%B7%E5%8C%85&fromid=557772&fr=aladdin).

8 百度百科 (https://baike.baidu.com/item/%E8%8D%B7%E5%8C%85%E8%9B%8B
/4352?fr=ge_ala).

| 7장 |

1 https://zh.wikipedia.org/wiki/%E7%99%BE%E5%90%88%E5%B1%9E#%
E8%B1%A1%E5%BE%B5%E6%84%8F%E7%BE%A9.

2 谷衍奎, 앞의 책, 238쪽.

3 https://baijiahao.baidu.com/s?id=1636901764705248631&wfr=spider&for=
pc.

| 8장 |

1 우리말샘.

2 https://stdict.korean.go.kr/search/searchView.do?word_
no=506094&searchKeywordTo=3.

3 谷衍奎, 앞의 책, 1092쪽.

4 한자 구성의 원리는 http://hanja.dict.naver.com/#/entry/ccko/916b88bb52da
46ccb408728c32785fb4 참고.

5 참고 1) https://wenku.baidu.com/view/916aea1c5d0e7cd184254b35eefdc8
d376ee14d7.html?fr=aladdin664466&ind=3&_wkts_=1698757559672&bd
Query=%E7%99%BD%E5%A4%B4%E7%BF%81%E7%9A%84%E8%8A
%B1%E8%AF%AD&needWelcomeRecommand=1, 참고 2) https://wenku.
baidu.com/view/ff69db10f211f18583d049649b6648d7c1c708a9.html?_wkt
s_=1698757856925&bdQuery=%E7%99%BD%E5%A4%B4%E7%BF%81%
E7%9A%84%E8%8A%B1%E8%AF%AD&needWelcomeRecommand=1, 참
고 3) https://baike.baidu.com/item/%E7%99%BD%E5%A4%B4%E7%BF%

81/55191?fr=ge_ala.

6 https://m.baidu.com/bh/m/detail/ylchm_16405403610886135169.

| 9장 |

1 익생양술대전; 한국민족문화대백과사전; 꽃과 나무사전.

2 https://www.nongbaike.net/nongyebaike/358420.

3 한국고전종합DB (https://db.itkc.or.kr/dir/item?itemId=BT#/dir/node?dataId=ITKC_
   BT_0333A_0280_010_0180&solrQ=query%E2%80%A0%EC%A7%84%EC
   %9C%A0(%E6%BA%B1%E6%B4%A7)$solr_sortField%E2%80%A0$solr_
   sortOrder%E2%80%A0$solr_secId%E2%80%A0BT_BD$solr_
   toalCount%E2%80%A038$solr_curPos%E2%80%A00$solr_solrId%E2%80%A0BD_
   ITKC_BT_0333A_0280_010_0180).

4 https://baike.baidu.com/item/%E8%8A%8D%E8%8D%AF/328161?fr=ge_
   ala.

| 10장 |

1 허신 저, 하영삼 역, 『하영삼 교수의 완역설문해자2(상)』, 도서출판3, 2022
   1526쪽 참고.

2 위의 책, 1526쪽.

그림 출처

- 각 장 표지의 사진은 저자 중 한 명인 조성덕 교수가 직접 촬영하여 제공한 것이다.

| 1장 |

1-2 국립수목원 산림박물관 소장 (http://www.emuseum.go.kr).

1-5 zdic (https://www.zdic.net/hans/%E6%9F%B3).

1-6 ⓒ KKPCW (https://commons.wikimedia.org).

1-7 竹原春泉 (https://commons.wikimedia.org).

1-8 런던 Tate Britain 소장 (https://commons.wikimedia.org).

1-9 https://www.boston.gov/departments/parks-and-recreation/iconography-gravestones-burying-grounds.

| 2장 |

2-3 국립중앙박물관 소장 (http://www.emuseum.go.kr).

2-4 국립고궁박물관 소장 (https://www.gogung.go.kr).

2-5 百度百科 '宋旭 桃花林' (https://image.baidu.com).

2-6 zdic (https://www.zdic.net/hans/%E6%A1%83).

2-7 ⓒ Toshihiro Matsui (https://commons.wikimedia.org).

| 3장 |

3-2 예천박물관 (http://www.emuseum.go.kr).

3-3 금천저널24 (http://www.xn--jj0bn1dkx4a3ge.com/2111).

3-4 zdic (https://www.zdic.net/hans/%E7%A8%B).

3-5 『漢字字源』(http://www.guoxuedashi.net/zidian/ziyuan_492.html).

3-6 zdic (https://www.zdic.net/hans/%E7%A6%BE).

3-8 ⓒ M338 (https://commons.wikimedia.org).

3-9 ⓒ Yanajin33 (https://commons.wikimedia.org).

3-10 ⓒ Chaquetadepollo (https://commons.wikimedia.org).

| 4장 |

4-3 zdic (https://www.zdic.net/hans/%E8%91%B5).

4-5 ⓒ 従六位上河内介 (https://commons.wikimedia.org).

4-6 *The Herball, or General Historie of Plantes* by John Gerard (1597) (https://plantingdiaries.com/gerard-sunflower-01a/).

4-7 런던 National Gallery 소장 ((https://commons.wikimedia.org).

| 5장 |

5-2 ⓒ Didier Descouens (https://commons.wikimedia.org).

5-3 https://baike.baidu.com/item/%E8%94%B7%E8%96%87/65296?fr=ge_ala.

5-4 https://baike.baidu.com/item/%E9%B2%9C%E8%8A%B1%E9%A5%BC/9453528?fr=ge_ala.

5-5 zdic (https://www.zdic.net/hans/%E8%94%B7).

5-6 도쿄 国立国会図書館 소장 (https://commons.wikimedia.org).

5-7 ⓒ Sodacan (https://commons.wikimedia.org).

| 6장 |

6-2 국립공주박물관 소장 (http://www.emuseum.go.kr).

6-3 zdic (https://www.zdic.net/hans/%E8%8D%B7).

6-4 zdic (https://www.zdic.net/hans/%E8%93%AE).

6-6 https://www.pinterest.co.kr/pin/629307747951851668/visual-search/?x=16&y=16&w=468&h=468&cropSource=6.

6-8 https://commons.wikimedia.org/wiki/File:Chinese_spoons.jpg.

6-9 ⓒ FroyAgta (https://commons.wikimedia.org).

6-10 https://commons.wikimedia.org/wiki/File:Lotus-eaters.png?uselang=ko.

6-11 뉴욕 Metropolitan Museum of Art 소장 (https://commons.wikimedia.org).

| 7장 |

7-4 https://zh.wikipedia.org/wiki/%E7%99%BE%E5%90%88%E5%B1%9E.

7-5 zdic (https://www.zdic.net/hans/%E7%99%BE).

7-6 마드리드 Museo del Prado 소장 (https://commons.wikimedia.org).

7-7 ⓒ Ivar Leidus (https://commons.wikimedia.org).

7-8 https://en.wikipedia.org/wiki/Le_Lys_dans_la_vall%C3%A9e.

| 8장 |

8-4 ⓒ thibaudaronson (https://commons.wikimedia.org).

8-5 zdic (https://www.zdic.net/hans/%E7%BF%81).

8-6 https://dainokai.com/noh-zegai/.

8-7 https://commons.wikimedia.org/wiki/File:Backsippa.jpg.

| 9장 |

9-2 국립중앙박물관 소장 (http://www.emuseum.go.kr).

9-3 https://img1.baidu.com/it/u=2379698068, 3675534331&fm=253&fmt=a
uto&app=138&f=JPEG?w=667&h=500.

9-4 Zdic (https://www.zdic.net/hans/%E8%8A%8D).

9-5 국립생물자원관 '한반도의 생물다양성 (https://species.nibr.go.kr/home/
mainHome.do?cont_link=009&subMenu=009002&contCd=009002&kt
sn=120000064629).

9-6 뉴욕 Metropolitan Meseum 소장 (https://www.metmuseum.org/art/
collection/search/49003).

9-7 https://www.exclassics.com/herbal/herbalv40048.htm.

| 10장 |

10-2 국립중앙박물관 소장.

10-3 https://baike.baidu.com/tashuo/browse/content?id=91d7722a13ca094fb1
1e1f1a.

10-4 zdic (https://www.zdic.net/hans/%E6%A2%85).

10-5 도쿄 国立国会図書館 소장 (https://commons.wikimedia.org).

10-6 https://upload.wikimedia.org/wikipedia/commons/thumb/4/43/Meshi.
JPG/2560px-Meshi.JPG?uselang=ko.

10-7 https://dicktracy.fandom.com/wiki/Mrs._Pruneface.

10-8 https://commons.wikimedia.org/wiki/File:Nursery_rhymes.
djvu?uselang=ko.

꽃과 나무,
어휘 속에 담긴 역사와 문화

초판 1쇄 발행 | 2024년 2월 15일
지은이 | 김시현 · 신근영 · 이진숙 · 조성덕 · 최승은

펴낸곳 | 도서출판 따비
펴낸이 | 박성경
편　집 | 신수진 · 정우진
디자인 | 이수정
출판등록 | 2009년 5월 4일 제2010-000256호
주소 | 서울시 마포구 월드컵로28길 6(성산동, 3층)
전화 | 02-326-3897
팩스 | 02-6919-1277
메일 | tabibooks@hotmail.com
인쇄 · 제본 | 영신사

ISBN 979-11-92169-33-0 93700

책값은 뒤표지에 있습니다.